지혜로운 삶의 지침서

동방 명언집

이상기 편저

 도서
출판 선영사

머리말

    중국 고전인 동몽선습(童蒙先習)·소학(小學)·논어(論語)·채근담(茶根譚)·노자(老子)·장자(莊子)·한비자(韓非子)·예기(禮記)·대학(大學)·중용(中庸)·맹자(孟子)·순자(荀子)의 제자백가(諸子百家) 등에서 명구절(名句節)만 발췌해서 엮은 책으로서 가훈(家訓)·사훈(社訓)·교훈(校訓)·급훈(級訓)이 될 수도 있으며 장래 후손들이 살아가는데 도움이 되는 올바른 삶의 방법을 제시한 책이다.

    우리말의 대부분은 한자(漢字)로 이루어져 있기 때문에 그 글자의 뜻을 한자로 알고 있어야만 전달하고자 하는 의미가 왜곡되지 않고 이해될 수 있다.

    한자는 충효 사상(忠孝思想)을 비롯하여, 경로 사상(敬老思想) 및 정신 수양에 필요한 원리가 담겨 있기 때문에 요즘처럼 도덕성 상실 시대에는 더욱 가까이 할 필요가 있다.

    한자는 동아시아권에서 널리 쓰이는 문자이기 때문에 국제화 시대에도 부응하는 전략적 외국어 습득에 대응할 만한 위력이 있다. 이 책의 내용을 충분히 연구하여 험한 세파를 헤쳐 나가는 데 도움이 되기를 간절히 바란다. 끝으로 이 책을 출판하여 주신 선영사의 김영길 사장님과 임직원 여러분에게 감사의 뜻을 전한다.

1996년

편저자 李相麒

명심(明心)

—— CBS 강사(講師) 편저자 李相麒

　지금으로부터 300여 년 전, 고명(高名)하신 스님이 한 분 계셨다. 이 스님은 학문에 조예가 깊고 글씨에도 뛰어났으며, 문장에 있어서도 당대에서 제일 가는 유명한 도승(道僧)이었다. 게다가 이 스님의 품행(品行)은 '부처님의 가르침 그대로의 행동이라는 것은 정말 저런 것일까'라고 느낄 정도로 훌륭하였다.

　그러므로 이 스님이 욕심만 부린다면 막강한 권력도 손에 넣을 수 있었으며, 또 큰 절의 주지로서 편안히 살 수도 있었다. 그러나 스님은 그런 사사로운 욕심 따위는 조금도 염두에 두지 않은 채 그저 참다운 학문을 닦고 부처님의 훌륭한 제자가 되고자 하는 생각뿐이었다. 그래서 결국 모든 것을 버리고 거지가 되어 누더기를 걸치고 산중(山中)에 움막을 짓고는 혼자서 수도 생활을 하였다.

　그러던 어느 가을 달밤이었다. 이 보잘것없는 움막에도 도둑이 들어왔다. 그러나 아무것도 가져갈 것이 없자 도둑은 할 수 없다는 듯 스님이 덮고 자던 이불을 거두어 가져가 버렸다. 스님은 이 도둑의 소행을 알고 있으면서도 태연하게 잠자는 척했지만 이불이 없으니 추워서 견딜 수가 없었다. 참다 못해 일어나 앉아 있으니 때마침 창문에 아름다운 달빛이 비쳤다. 그걸 보고 있노라니 어느덧 추위도 잊을 수 있었다.

"정말 아름다운 달이로구나!"

스님은 자신도 모르게 시(詩)가 가슴 속에서 흘러 나왔다.

"도둑이 남기고 간 창가의 달빛이로구나!"

도둑이 이불을 가지고 갔어도 달빛만은 남겨두고 간 것에 대해 도둑에게 감사하면서 하룻밤을 달과 같이 지냈다.

사람이란 어떠한 불운 속에서도, 그리고 불우한 환경 속에서도 애써 노력만 한다면 희망과 보람을 찾을 수 있다는 이 이야기는 꽤 유명한 일화이다.

우리들도 자기의 환경을 나쁘게만 여기지 말고 생각을 달리 해서 노력하면 희망도, 기쁨도 얼마든지 가질 수 있다고 확신한다.

"도둑이 남기고 간 창가의 달빛"

이 짧은 시를 나는 가끔 읊어본다.

차례
_____

동방명언집

老 子

1996. 3. 25 李相顯

管子(관자)

1.

검 즉 금 천　　　치 즉 금 귀

儉則金賤이요 **侈則金貴**니라.

―검약하면 돈이 천하게 보이고, 사치하면 돈이 귀하게 여겨진다. 즉, 사치하는 사람은 물건을 많이 구입하기 때문에 돈이 매우 귀한 것이 된다.

※참고

儉	검약할	검
則	곧	즉
賤	천할	천
侈	사치할	치

2.

관 기 교 유　　즉 기 현 불 초 가 찰 야

觀其交遊면 **則其賢不肖可察也**니라.

―그 교제하는 것을 보면 현명한지 모자라는지를 알 수가 있다.

※참고 ─────────

遊 놀   유

察 살필   찰 = 知(알 지)

3. 교 룡 득 수   이 신 가 립 야
─ 蛟龍得水라야 而神可立也니라. ─

─ 용은 물을 얻어야 신기(神氣)를 세울 수가 있다. 즉, 영웅도 때를 만나야 의지할 곳을 얻는다.

※참고 ─────────

蛟 교룡   교

得 얻을   득

◆蛟龍(교룡) : 상상의 동물. 용의 한 가지.

4. 사 자   분 마 지 위 비   무 사 자
─ 赦者는 牛牛馬之委轡요 毋赦者는 ─
좌 저 지 광 석 야
痤疽之礦石也니라.

─ 범죄자를 용서하는 것은 달리는 말 위에서 고삐를 놓는 격

이요, 용서하지 않는 것은 종기나 악창을 돌침으로 따는 것과
같다.

※참고 ─────────────

 달아날　　　분 = 奔(분)

 고삐　　　　비

 부스럼, 종기　좌

◆赦(사) : 범죄자를 용서해 주는 것.

◆疽(저) : 악성 종기.

◆礦石(광석) : 돌침. 종기를 째는 기구.

5.
　　　　상 가　　　즉 하 불 청
┌─ 上苛하면 則下不聽이니라. ──────────┐

— 윗사람이 가혹하면 아랫사람은 말을 듣지 않는다. 즉, 가혹
한 정치를 해서는 안 된다.

※참고 ─────────────

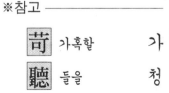 苛 가혹할　　　가

聽 들을　　　　청

◆上苛(상가) : 윗사람이 가혹하다.

6.
일 년 지 계　　막 여 수 곡　　　십 년 지 계
一年之計는 莫如樹穀이요 十年之計는

막 여 수 목　　　종 신 지 계　　막 여 수 인
莫如樹木이며 終身之計는 莫如樹人이니라.

―일 년의 계획으로는 곡식을 심는 일만한 것이 없고, 십 년
의 계획으로는 나무를 심는 일만한 것이 없으며, 평생의 계획
으로는 사람을 심는 일만한 것이 없다. 즉, 인재를 양성하는
것이 가장 좋다.

※참고

計	계획	계
莫	말	막
樹	심을	수 = 植(심을 식)
穀	곡식	곡
終	끝	종

7.
찰 능 수 관　　　반 록 사 여　　　사 민 지 기 야
察能授官하고 班祿賜與함이 使民之機也니라.

―능력을 살펴서 벼슬을 주고 실적에 맞게 녹을 내리는 것,
이것이 신하를 부리는 요령이다.

※참고 ─────────────

授	줄	수
班	나누어 줄	반
祿	녹	록
賜	줄	사
與	줄	여
機	틀	기

8.
천 지   일 험 일 이

── 天地는 一險一易니라. ────────────

── 천지는 한번 험난하면 한번은 순조로워진다. 즉, 세상 일이
란 수시로 변하니 사람은 변화하는 이치를 잘 헤아려 행동해
야 한다.

※참고 ─────────────

險	험난할	험
易	쉬울	이

老子(노자)

1.
강양자 부득기사
强梁者는 **不得其死**하니라.

— 강하고 억센 자는 제 목숨에 죽지 못한다. 즉, 사람은 연하고 부드럽게 살아가야 한다.

※참고 ───────

梁 들보　　　　　량

◆强梁(강양) : 강하고 억셈.

2.
강해소이능위백곡왕자 이기선하지
江海所以能爲百谷王者는 **以其善下之**니라.

— 강과 바다가 능히 모든 골짜기의 왕이 될 수 있는 까닭은 그것이 낮은 자리에 있기 때문이다.

※참고 ───────

能 능할　　　　　능

谷 골짜기　　곡

◆百谷(백곡) : 모든 골짜기.

3.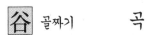

```
┌─────────────────────────────────────────┐
│ 功遂身退는 天之道니라.                     │
└─────────────────────────────────────────┘
```

―공을 이루면 물러나 한가하게 몸을 갖는 것이 하늘의 도
이다.

※참고 ─────────

遂 성취할　　수

退 물러갈　　퇴

4. 다 언 삭 궁

```
┌─────────────────────────────────────────┐
│ 多言數窮하나니라.                          │
└─────────────────────────────────────────┘
```

―말이 많으면 자주 궁지에 몰리게 된다.

※참고 ─────────

數 자주할　　삭

窮 다할　　궁

5.

부 귀 이 교   자 유 기 구

富貴而驕면 自遺其咎니라.

― 부귀를 누리면서 교만하면 스스로 허물을 남긴다.

※참고

驕	교만할	교
遺	남길	유
咎	허물	구

6.

선 섭 생 자   육 행 불 우 시 호

善攝生者는 陸行不遇兕虎니라.

― 섭생을 잘 하는 사람은 육지를 가도 외뿔소나 호랑이를 만나지 아니한다. 삶을 건강하게 잘 유지하는 사람은 비록 산 속에 들어가도 외뿔소나 호랑이와 마주치지 않는다. 이쪽에서 적으로 대하는 뜻을 품지 않으면 그 어느 것도 적으로 맞서지 않는다. 이러한 태도가 자기를 잘 지키는 근본이 되는 것이다.

※참고

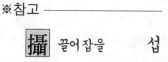

攝	끌어잡을	섭

| 陸 | 물 | 륙 |
| 遇 | 만날 | 우 |

◆ **攝生**(섭생) : 몸과 마음을 건강하게 하는 것.
◆ **兕虎**(시호) : 외뿔소와 호랑이.

7.

선 식 이 위 기   당 기 무   유 기 지 용

┌─ **埏埴以爲器**하니 **當其無**에 **有器之用**이니라. ─┐

— 찰흙을 반죽하여 그릇을 만드는데, 그 가운데가 텅 비어
있기 때문에 그릇의 구실을 할 수 있는 것이다.

※참고 ───────

埏	반죽할	선
埴	찰흙	식
器	그릇	기

8.

성 인   거 심   거 사   거 태

┌─ **聖人**은 **去甚**하고 **去奢**하며 **去泰**하니라. ─┐

— 성인은 과격한 짓을 하지 않으며, 사치함을 물리치고, 또
교만한 행동을 하지 않는다.

※참고 ————————

甚	지나칠	심
奢	사치할	사
泰	교만할	태

9. 성인　처무위지사　행불언지교

┌──────────────────────────────┐
聖人은 處無爲之事하며 行不言之敎하니라.
└──────────────────────────────┘

—성인은 인위적으로 꾸미지 않고 일에 처하고, 말없는 가르침을 행한다.

※참고 ————————

處	곳	처
敎	가르칠	교

◆無爲(무위) : 자연 그대로인 채.

◆不言(불언) : 말을 하지 않음, 無言(무언).

10. 승인자유력　자승자강

┌──────────────────────────────┐
勝人者有力이요 自勝者强이니라.
└──────────────────────────────┘

—남을 이기는 자는 힘이 있고, 자신을 이기는 자는 강하다.

즉, 자신의 사리사욕을 이기는 자가 가장 강한 사람이다.

※참고 ─────────

| 勝 | 이길 | 승 |
| 强 | 강할 | 강 |

11. 위 자 패 지   집 자 실 지
──── 爲者敗之요 執者失之니라. ────

─억지로 하려는 사람은 실패할 것이고, 잡으려는 사람은 잃을 것이다. 즉, 공연한 욕심은 내지 말고 조용히 살아야 한다.

※참고 ─────────

敗	실패할	패
執	집착할	집
失	잃을	실

12. 종 부 자 위 대   고 능 성 기 대
──── 終不自爲大라야 故能成其大니라. ────

─끝내 스스로를 큰 체하지 않아야 능히 그 위대함을 이룰

수 있는 것이다. 즉, 스스로 큰 체하지 않는 사람만이 참으로 위대해질 수 있다.

※참고 ───────

| 終 | 마칠 | 종 |
| 故 | 연고 | 고 |

◆不自爲大(부자위대) : 스스로 크다고 내세우지 않는다.

13.

지 인 자 지   자 지 자 명

┌─ 知人者智요 自知者明이니라. ─────┐

─남을 아는 것은 지혜롭고, 스스로를 아는 것은 현명하다는 뜻이다.

※참고 ───────

知	알	지
智	지혜로을	지
明	현명할	명

14.

천 리 지 행   시 어 족 하

┌─ 千里之行도 始於足下니라. ─────┐

— 천리의 길도 발 밑의 한 발자국에서 시작된다.

※참고 ————————

行	길	행
始	시작	시
於	어조사	어
足	발	족

15.
표 풍 부 종 조   취 우 부 종 일
飄風不終朝요 驟雨不終日이니라.

— 회오리바람은 아침 나절을 넘기지 못하고, 소나기는 하루
종일 계속되지 못한다. 즉, 자연을 어기는 법률은 회오리바람
이나 소나기처럼 오래가지 못한다는 비유이다.

※참고 ————————

飄	회오리바람	표
朝	아침	조
驟	갑자기	취

◆飄風(표풍) : 회오리바람.
◆驟雨(취우) : 소나기.

16. 화 혜 복 지 소 의   복 혜 화 지 소 복

─ 禍兮福之所倚요 福兮禍之所伏이니라. ─

─ 화에는 복이 깃들어 있고, 복에는 화가 숨어 있다.

※참고 ─────────

禍	재앙	화
倚	의지할	의
兮	어조사	혜
伏	엎드릴	복

◆兮(혜) : 음조(音調)를 돕기 위한 조사.

◆倚(의) : 깃들이다. 의지하다. 依(의)

論語(논어)

1.

견 리 사 의   견 위 수 명
見利思義하며 見危授命하며

구 요 불 망 평 생 지 언
久要不忘平生之言이면

역 가 이 위 성 인 의
亦可以爲成人矣니라.

— 이득을 앞에 놓고 도의를 생각하고, 위태로움을 보면 생명을 바칠 줄 알고, 오랜 약속일지라도 평생의 말을 잊지 않으면 인간 완성이라고 할 수 있다.

※참고 ——————

義	옳을	의
授	줄	수
久	오랠	구
要	중요할	요
忘	잊을	망
矣	어조사	의

2.
견 위 치 명　　견 득 사 의　　제 사 경
見危致命하여 見得思義하며 祭思敬하며
상 사 애
喪思哀하라.

―선비는 나라가 위험에 빠지면 생명을 바치고, 이득을 보면 대의를 생각하고, 제사 때는 경건히 하고, 상례 때는 애척해야 한다.

※참고

危	위태할	위
致	비칠	치
祭	제사	제
敬	공경할	경
喪	장사	상

3.
견 현 사 제 언　　　　견 불 현 이 내 자 성 야
見賢思齊焉하며 見不賢而內自省也니라.

―어진 사람을 보면 그와 같이 되기를 생각하고, 어질지 못한 사람을 보면 내 스스로 깊이 반성한다.

※참고 ─────

賢 어질　　　현

齊 같을　　　제

省 반성할　　성

4.　　　과 유 불 급

┌─── 過猶不及이니라. ───────────────

─지나친 것은 모자라는 것과 같이 나쁘다. 즉, 중용의 길을 걷는 것이 최상이라는 뜻.

※참고 ─────

過 지나칠　　과

猶 오히려　　유

及 미칠　　　급

5.　　교 언 난 덕　　소 불 인　즉 난 대 모

┌─── 巧言亂德이오 小不忍, 則亂大謀니라. ───┐

─말을 잘 꾸미면 도덕을 문란케 한다. 작은 것을 못 참으면

큰 일을 망친다.

※참고 ─────────

巧	공교할	교
忍	참을	인
謀	꾀할	모

6.

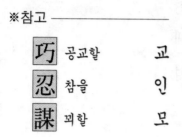

군 자 거 인   오 호 성 명
君子去仁이면 惡乎成名이오.

군 자 무 종 식 지 간   위 인
君子無終食之間을 違仁이니.

조 차   필 어 시   전 패   필 어 시
造次에 必於是하며 顚沛에 必於是니라.

─군자가 인을 떠나면 어찌 군자라는 이름이 어울리겠느냐? 군자는 밥 먹는 시간일지라도 인을 어기지 말아야 한다. 다급할 때에도 반드시 인을 지키고, 넘어져 뒤집히는 순간에도 반드시 인을 꽉 잡고 있어야 한다. 즉, 내 몸을 죽여서라도 인을 성취해야 한다.

※참고 ─────────

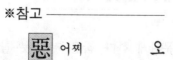

惡	어찌	오

違 어길 　위

◆ 造次(조차) : 다급할 때.
◆ 顚沛(전패) : 뒤집혀 넘어지는 순간. 위급할 때.

7.
　　군 자　　욕 눌 어 언　　　　이 민 어 행
君子는 欲訥於言하고 而敏於行이니라.

— 군자는 말에는 신중하고 무디되 행함에는 민첩하여야 한다.

※참고 ─────────

欲 하고자 할 　욕

訥 말 더듬을 　눌

敏 민첩할 　민

行 갈 　행

8.
　　군 자　　유 어 의　　　소 인　　유 어 리
君子는 喩於義하고, 小人은 喩於利니라.

— 군자는 대의를 밝히고 소인은 이득을 밝힌다. 즉, 재물이나 이득을 버리고 인의(仁義)를 밝히는 사람이 군자이고, 재물이나 이득을 밝히고 인의를 버리는 사람이 소인이다.

※참고 ──────────

喩	깨우쳐 줄	유
義	의로울	의
利	이득	리

9. 군자 주이불비   소인 비이부주
── 君子는 周而不比하고 小人은 比而不周니라.──

─군자는 보편적이되 편파적이 아니다. 그러나 소인은 편파적일 뿐 보편적이 아니다.

※참고 ──────────

周	두루	주
不	아닐	불
比	비교할	비

10. 군자모도 불모식   학야
── 君子謀道요 不謀食이니 學也에 ──

녹재기중의
祿在其中矣니라.

—군자는 도의 구현을 꾀할 뿐, 의식에 마음을 쓰지 아니한
다. 배우면 저절로 녹을 얻게 될 것이다. 즉, 군자는 도에 대
한 걱정을 할 뿐, 가난에 대한 걱정은 아니한다.

※참고 ———————

謀	꾀할	모
食	밥	식
祿	복	록

11.

군자무본　　본립이도생
君子務本이요 **本立而道生**하나니 ———

효제야자　기위인지본여
孝弟也者는 **其爲仁之本與**인저.

—군자는 근본에 힘을 쓴다. 근본이 확고히 서야 바른 길이
생기게 마련이다. 효와 제는 인을 이룩하는 근본이니라. 즉,
인간에게 있어서나 국가에 있어서는 뿌리가 바로 서야 나아
갈 길이 바르게 잡히고 트인다.

※참고 ———————

| 務 | 힘쓸 | 무 |
| 與 | 그런가 | 여 |

12. <ruby>君<rt>군</rt></ruby><ruby>子<rt>자</rt></ruby><ruby>無<rt>무</rt></ruby><ruby>所<rt>소</rt></ruby><ruby>爭<rt>쟁</rt></ruby>이나 <ruby>心<rt>심</rt></ruby><ruby>也<rt>야</rt></ruby><ruby>射<rt>사</rt></ruby><ruby>乎<rt>호</rt></ruby>인저 <ruby>揖<rt>읍</rt></ruby><ruby>讓<rt>양</rt></ruby><ruby>而<rt>이</rt></ruby><ruby>升<rt>승</rt></ruby>하야
<ruby>下<rt>하</rt></ruby><ruby>而<rt>이</rt></ruby><ruby>飮<rt>음</rt></ruby>하나니 <ruby>其<rt>기</rt></ruby><ruby>爭<rt>쟁</rt></ruby><ruby>也<rt>야</rt></ruby><ruby>君<rt>군</rt></ruby><ruby>子<rt>자</rt></ruby>니라.

― 군자는 다투지 않는다. 불가피한 경쟁은 활 쏘기뿐이다. 그 때에는 서로 절하고 사양하며 당에 오르고, 또 (승부가 끝나면) 당에서 내려와 (승자가 패자에게) 벌주를 준다. 이와 같이 경쟁하는 품이 어디까지나 군자답느니라.

※참고 ────

爭	다툴	쟁
射	쏠	사
揖	읍할	읍
升	오를	승

13. <ruby>君<rt>군</rt></ruby><ruby>子<rt>자</rt></ruby><ruby>病<rt>병</rt></ruby><ruby>無<rt>무</rt></ruby><ruby>能<rt>능</rt></ruby><ruby>焉<rt>언</rt></ruby>이요 <ruby>不<rt>불</rt></ruby><ruby>病<rt>병</rt></ruby><ruby>人<rt>인</rt></ruby><ruby>之<rt>지</rt></ruby><ruby>不<rt>불</rt></ruby><ruby>己<rt>기</rt></ruby><ruby>知<rt>지</rt></ruby><ruby>也<rt>야</rt></ruby>니라.

― 군자는 자기의 무능함을 걱정할 뿐, 남이 자기를 알아주지 않음을 걱정하지 않는다. 즉, 남이 나를 몰라줌을 근심하지 말고 내가 무능함을 근심하라는 말이다.

※참고 ─────

| 病 | 근심 | 병 |
| 己 | 몸 | 기 |

14. _{군 자 성 인 지 미}   _{불 성 인 지 악}

君子成人之美하고 不成人之惡하나니

_{소 인 반 시}

小人反是니라.

─군자는 남의 좋은 점을 도와 이루게 하고, 남의 악한 점을
선도하여 나타나지 않게 한다. 그러나 소인은 이와 반대이다.
즉, 인을 모르는 소인은 남을 해치고 헐뜯기만 하느니라.

※참고 ─────

成	이룰	성
惡	악할	악
反	반대할	반

15. _{군 자 오 거 하 류}   _{천 하 지 악 개 귀 언}

君子惡居下流하나니 天下之惡皆歸焉이니라.

─군자는 하류의 무리들과 함께 있기를 두려워한다. 천하의 악덕이 모두 모여들기 때문이다.

※참고 ────

惡	미워할	오
居	살	거
流	흐를	류

16.
군 자 유 삼 계　　소 지 시　혈 기 미 정
─君子有三戒하니 少之時에 血氣未定이라.─
계 지 재 색　　급 기 장 야　　혈 기 방 강
戒之在色하고 及其壯也하여 血氣方剛이라.
계 지 재 투　급 기 로 야　　혈 기 기 쇠
戒之在鬪요 及其老也하여 血氣旣衰라
계 지 재 득
戒之在得이니라.

─군자가 경계해야 할 일이 세 가지 있다. 청소년기에는 혈기가 안정되지 않았으므로 색을 경계하여야 하며, 장년기가 되면 혈기가 바야흐로 세차므로 싸움을 경계하여야 하며, 노년기가 되면 혈기가 쇠잔해진 고로 탐욕함을 경계하여야 한다.

※참고 ─────────

血	피	혈
壯	장할	장
剛	굳셀	강
鬪	싸울	투
衰	쇠할	쇠

17.

군자유삼외　　외천명　　　외대인
君子有三畏하니 **畏天命**하며 **畏大人**하며

외성인지언
畏聖人之言이니라.

─ 군자가 두려워할 일이 세 가지가 있다. 천명을 두려워하고, 대인을 두려워하고, 성인들의 말을 두려워한다.

※참고 ─────────

畏	두려울	외
命	목숨	명
聖	성스러울	성
言	말씀	언

18.
군 자 의 이 위 질   예 이 행 지
君子義以爲質이요 禮以行之하며

손 이 출 지   신 이 성 지
孫以出之하며 信以成之하시라.

— 군자는 의로써 바탕을 삼고, 예로써 행하며, 공손하게 말하며, 성실하게 이룩해야 한다.

※참고

爲	삼을	위
質	바탕	질
孫	손자	손

여기서는 遜(겸손할 손)과 같음.

19.
군 자 지 어 천 하 야   무 적 야   무 막 야
君子之於天下也에 無適也하며 無莫也하여

의 지 여 비
義之與比니라.

— 군자는 천하 만사에 있어 어느 한 가지만을 옳다고 고집하지도 않고, 또 반대로 모든 것을 안 된다고 부정하지도 않고, 어디까지나 올바른 도의를 따라 나아간다.

※참고 ─────────

莫	말	막
與	더블	여
比	따를	비

20.
군 자 치 기 언 이 과 기 행
┌── **君子恥其言而過其行**이니라. ──────┐

─군자는 자기의 말이 행동보다 지나치는 것을 부끄럽게 여긴다.

※참고 ─────────

恥	부끄러울	치
其	그	기
過	지날	과

21.
군 자 화 이 부 동   소 인 동 이 불 화
┌── **君子和而不同**하고 **小人同而不和**니라. ──┐

─군자는 화합하되 뇌동(雷同)하지 않는다. 소인은 뇌동만 하

고 화합하지 못한다.

※참고 ──────────

和	화할	화
同	한가지	동
小	적을	소

22. 궁 자 후 이 박 책 어 인 즉 원 원 의
── 躬自厚하며 而薄責於人이면 則遠怨矣니라. ──

─자기 책망을 엄하게 하고 남에 대한 책망을 가볍게 하면,
원한이 멀어진다.

※참고 ──────────

躬	몸소	궁
薄	엷을	박
怨	원망할	원

23. 기 소 불 욕 물 시 어 인
── 己所不欲을 勿施於人이라. ──

―내가 원치 않는 바를 남에게 강요하지 말라. 즉, 내가 싫은 일을 남에게 강요하지 않는 것이 덕행이다.

※참고 ────────

| 勿 | 말 | 물 |
| 施 | 베풀 | 시 |

24.
노 자 안 지　　붕 우 신 지　　　소 자 회 지

老者安之하며 **朋友信之**하며 **小者懷之**니라.

―노인들을 편안하게 해 주고 벗들에게 신의를 지키며 연소자들을 사랑으로 품는다.

※참고 ────────

朋	벗	붕
信	믿을	신
懷	품을	회

25.
덕 불 고　　필 유 린

德不孤라 **必有隣**이니라.

─덕은 외롭지 않다. 반드시 이웃이 있다.

※참고 ────────

德	큰	덕
孤	외로울	고
隣	이웃	린

26.
덕 지 불 수   학 지 불 강   문 의 불 능 사
┌─ 德之不修와 學之不講과 聞義不能徙하며 ─
불 선 불 능 개   시 오 우 야
不善不能改는 是吾憂也니라.

─덕행을 배양하지 않고, 학문을 익히지 않고, 의로운 일인
줄 알면서 몸소 행하지 않고, 또 나쁜 것을 고칠 줄 모르는
네 가지를 나는 걱정한다.

※참고 ────────

德	덕	덕
修	닦을	수
徙	옮길	사
憂	근심	우

27.
^{도 천 승 지 국} ^{경 사 이 신} ^{절 용 이 애}
道千乘之國하되 敬事而信하며 節用而愛하며

^{사 민 이 시}
使民以時니라.

— 천승의 나라를 다스림에는 모든 일을 경건하게 처리하고 신의를 지킬 것이며, 씀씀이를 절약하고 인민을 사랑할 것이며, 때를 맞추어 백성을 부려야 한다.

※참고 ————

道	다스릴	도
乘	탈	승
節	마디	절
愛	사랑	애
使	부릴	사

28.
^{독 신 호 학} ^{수 사 선 도}
篤信好學하며 守死善道니라.

— 굳게 도를 믿고 배우기를 좋아하고 죽음으로써 도를 지키고 실천한다.

※참고 ————————

篤	두터울	독
守	지킬	수
善	착할	선

29.

무욕속　　　무견소리

── 無欲速하며 無見小利니라. ──

욕속즉부달　　　견소리즉대사불성

欲速則不達하고 見小利則大事不成이니라.

─ 급하게 서둘지 말고, 적은 일들을 꾀하지 말라. 급하게 서둘면 잘 통달하지 못하고, 적은 이득을 보고자 꾀하면 큰 일을 이루지 못한다.

※참고 ————————

欲	하고자 할	욕
速	빠를	속
利	이로울	리
不	아닐	불
達	달성할	달

30. _{묵 이 지 지　　학 이 불 염　　회 인 불 권}

默而識之하며 **學而不厭**하며 **誨人不倦**이

_{하 유 어 아 재}

何有於我哉오.

— 묵묵히 새겨두고, 배우기에 싫어하지 않고, 남을 깨우치기에 지치지 않는다. 그 외에 또 무엇이 있겠느냐?

※참고

厭	싫어할	염
誨	가르칠	회
倦	게으를	권

31. _{민 이 호 학　　불 치 하 문}

敏而好學하며 **不恥下問**이라.

— 재질이 민활하고 배우기를 좋아하며 아랫사람에게 묻기를 부끄러워하지 않는다. 즉, 누구에게나 물어서 새로 알고, 의문을 풀어야 한다.

※참고

敏	민첩할	민

學 배울　　　학
恥 부끄러울　　치

32. ^{박학이독지} ^{절문이근사}

博學而篤志하며 切問而近思하면

^{인재기중의}
仁在其中矣니라.

— 널리 배워 뜻을 두텁게 갖고, 절실하게 묻되 가까운 것을 깊이 생각하면, 인덕이 그 속에서 나오게 된다.

※참고

博 넓을　　　박
篤 두터울　　독
切 끊을　　　절

33. ^{반소사} ^{음수} ^{곡굉이침지}

飯疏食에 飮水하고 曲肱而枕之라도

^{낙역재기중의}
樂亦在其中矣이라.

— 잡곡밥을 먹고 찬물을 마시고 팔을 굽혀 베개를 삼아도 즐
거움은 그 속에 있다. 즉, 비록 가난해도 도(道)를 따르고 실
현하면 즐거움에도 변함이 없다.

※참고 ─────────

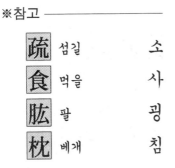

疏	섭길	소
食	먹을	사
肱	팔	굉
枕	베개	침

34.
발 분 망 식　　　낙 이 망 우
發憤忘食하며 樂以忘憂하야
부 지 노 지 장 지 운 이
不知老之將至云爾라.

— 학문에 분발하면 식사도 잊고, 학문을 즐김에 걱정을 잊으
며, 늙어가는 것조차 알지 못하노라.

※참고 ─────────

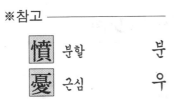

| 憤 | 분할 | 분 |
| 憂 | 근심 | 우 |

至	이를	지
爾	어조사	이

35. _{부모재} _{불원유} _{유필유방}

父母在이면 不遠遊하며 遊必有方이니라.

―부모가 생존해 계시면 먼 길을 떠나지 않을 것이며, 부득
이 멀리 가는 경우에는 반드시 행방을 알려야 한다.

※참고 ―――――――――

遠	멀	원
遊	놀	유
必	반드시	필

36. _{부여귀} _{시인지소욕야}

富與貴는 是人之所欲也니

_{불이기도득지} _{불처야}

不以其道得之이든 不處也니라.

―부자가 되고 고귀한 신분이 되는 것, 그것은 누구라도 바

라는 바이다. 그러나 정당한 도리로써 부를 얻지 않는다면 군
자는 그런 부귀를 누리지 않는다. 즉, 군자는 부귀보다는 바
른 도를 지키니라.

※참고 ─────────

與	더불어	여
所	바	소
處	거처할	처

37. 부 인 자   기 욕 립 이 입 인
── **夫仁者**는 **己欲立而立人**하며 ──
기 욕 달 이 달 인
己欲達而達人이라.

── 인자는 내가 나서고 싶을 때 남을 내세우고, 내가 달성하
고 싶을 때 남을 달성케 한다.

※참고 ─────────

己	자기	기
欲	하고자 할	욕
達	통달할	달

38.
```
     부 지 명        무 이 위 자 야      부 지 예
不知命이면 無以爲子也요, 不知禮면
     무 이 입 야    부 지 언      무 이 지 인 야
無以立也요, 不知言이면 無以知人也니라.
```

—천명을 알지 못하면 군자라 할 수 없고, 예를 모르면 세상에 나설 수 없고, 말을 제대로 알지 못하면 인간을 이해할 수가 없다.

※참고 ────────

知	알	지
命	목숨	명
禮	예도	례

39.
```
   불 의 이 부 차 귀     어 아 여 부 운
不義而富且貴는 於我如浮雲이니라.
```

—의롭지 못한 짓을 해서 얻는 부귀는 나에게는 뜬구름과 같으니라.

※참고 ────────

| 義 | 의로울 | 의 |

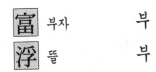

富 부자　　　부
浮 뜰　　　부

40.

> 불 인 자　　　불 가 이 구 처 약
> 不仁者는 不可以久處約이며
>
> 불 가 이 장 처 락
> 不可以長處樂이니
>
> 인 자　안 인　　지 자　　이 인
> 仁者는 安仁하고 知者는 利仁이니라.

— 어질지 못한 사람은 곤궁함에 오래 처해 있지 못하고, 또한 안락에도 오래 처해 있지 못한다. 인자는 인에 안주하고 지자는 인을 이용한다. 즉, 소인배들은 곤궁에 빠지면 비굴해지거나 변절하고, 반대로 부귀를 누리면 사치와 방탕하고 오만해진다. 군자라면 고생도 즐거움으로 알고 안빈낙도(安貧樂道)할 수 있다.

※참고 ─────

久 오랠　　　구
處 처할　　　처
約 검소할　　　약

41.

불환무위　환소이립
── 不患無位요 患所以立하며 ──

불환막기지　구위가지야
不患莫己知요 求爲可知也니라.

──자리 없음을 걱정하지 말고, 나설 수 있는 능력 지니기를
걱정하라. 나를 몰라준다고 걱정하지 말고, 남에게 알려질만
한 일을 하고자 애써라.

※참고 ──────

患	근심	환
所	바	소
知	알	지

42.

비례물시　비례물청
── 非禮勿視하여 非禮勿聽하며 ──

비례물언　비례물동
非禮勿言하여 非禮勿動하라.

──예가 아니면 보지 말고, 예가 아니면 듣지 말고, 예가 아니
면 말하지 말고, 예가 아니면 행하지도 말라. 즉, 예는 인간의
사회생활의 문화적 규범이기도 하다.

※참고 ────────

非	아닐	비
勿	말	물
聽	들을	청

43. ^{빈 이 무 원 난}   ^{부 이 무 교 이}

── 貧而無怨難하고 富而無驕易하니라. ──

── 가난하면서 원망하지 않기는 어렵지만 부자이면서 교만하
지 않기는 쉬우니라.

※참고 ────────

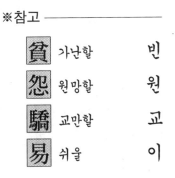

貧	가난할	빈
怨	원망할	원
驕	교만할	교
易	쉬울	이

44. ^{빈 이 무 첨}   ^{부 이 무 교}

── 貧而無諂하며 富而無驕니라. ──

— 가난해도 아첨하지 않고 부유해도 교만하지 않는다.

※참고 ────────

貧	가난할	빈
諂	아첨	첨
驕	교만할	교

45. 사불가이불홍의　임중이도원

─ 士不可以不弘毅니 任重而道遠이니라. ─

인이위기임　불역중호　사이후이

仁以爲己任이니 不亦重乎아 死而後已니

불역원호

不亦遠乎아.

— 선비는 활달하고 꿋꿋해야 한다. 임무가 무겁고 갈 길이 멀다. 인(仁)을 제 임무로 삼고 있으니 무겁지 않느냐! 죽어야 비로소 멈추니 또한 길이 멀지 않겠느냐! 이 어려운 일을 선비나 군자가 해야 한다.

※참고 ────────

弘	클	홍
毅	굳셀	의

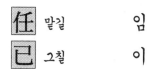

任 맡길　임
已 그칠　이

46. 사 생 유 명　　　부 귀 재 천
死生有命이요 富貴在天이라.

— 생사는 천명에 달렸고, 부귀는 하늘에 걸려 있다. 즉, 수명과 부귀는 운명에 달렸으니 억지로 오래 살 수도 없고, 무리한다고 해서 부자가 되는 것도 아니므로 자연 그대로 살라는 말이다.

※참고

命 목숨　명
貴 귀할　귀
在 있을　재

47. 사 지 어 도 이 치 악 의 악 식 자
士志於道而恥惡衣惡食者는
미 족 여 의 야
未足與議也니라.

—선비로서 도에 뜻을 두고도 나쁜 옷이나 음식을 부끄럽게
여긴다면 함께 어울릴 수가 없다.

※참고 ───────────

志	뜻	지
與	더불을	여
議	의논할	의

48.

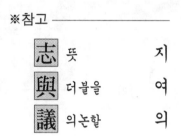

삼 인 행 필 유 아 사 언
三人行에 必有我師焉이니
택 기 선 자 이 종 지   기 불 선 자 이 개 지
擇其善者而從之오 其不善者而改之니라.

—세 사람이 함께 가면, 그 중에는 반드시 나의 스승이 있다.
좋은 점을 택하여 내가 따르고, 좋지 못한 점은 거울삼아 내
가 고치도록 한다.

※참고 ───────────

師	스승	사
擇	가릴	택
從	따를	종

49.
성사 불설 수사 불간
― 成事라 不說하며, 遂事라 不諫하며 ―
기 왕 불구
既往이라 不咎로다.

― 다 된 일이니 비평하지 않겠고, 끝난 일이니 간하지 않겠
고, 지난 일이니 탓하지 않겠다.

※참고 ―

遂	이를	수
諫	간할	간
既	이미	기
咎	허물	구

50.
성 상 근 야 습 상 원 야
― 性相近也나 習相遠也니라. ―

― 사람의 천성은 서로 비슷하지만, 길들이기에 따라 서로가
다르게 된다.

※참고 ―

| 性 | 성품 | 성 |

習	익힐	습
遠	멀	원

51.

세한연후　지송백지후조야

┌─ **歲寒然後**에 **知松柏之後彫也**이니라. ─┐

— 한겨울의 날씨가 추워진 다음에야 비로소 소나무와 전나무
가 늦게 시들어졌음을 알 수 있다. 즉, 다른 나무들은 추워서
죽지만 소나무나 전나무는 죽지 않는다. 난세에는 군자만이
끝까지 도와 절개를 지킴을 알게 된다.

※참고 ─────

歲	해	세
然	그럴	연
柏	측나무	백
彫	시들	조 = 凋(조)

52.

시삼백　일언이폐지　왈　사무사

┌─ **詩三百**에, **一言以蔽之**하니 **曰, 思無邪**니라. ─┐

— 시경에 있는 삼백 편의 시는 한마디로 추려 말하면, 그 생

각이 순수하고 바르다고 하겠다.

※참고 ────────

蔽　가릴　　　폐

思　생각　　　사

邪　간사할　　사

53.
<small>언미급지이언　위지조</small>
── 言未及之而言을 謂之躁요, ────

<small>언급지이불언　위지은</small>
言及之而不言을 謂之隱이요,

<small>미견안색　위지고</small>
未見顔色을 謂之瞽니라.

──상대방이 말을 하기 전에 먼저 발언하는 것을 조급이라 하고, 상대방이 말을 했는데도 대꾸하지 않는 것을 은닉이라 하고, 상대방의 표정을 살피지 않고 함부로 발언하는 것을 맹목이라 한다.

※참고 ────────

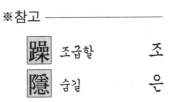

躁　조급할　　조

隱　숨길　　　은

瞽 장님 고

54.
예　여기사야영검
禮는 與其奢也寧儉이오
상　여기이야영척
喪은 與其易也寧戚이니라.

—예는 사치스럽게 꾸미기보다는 검소해야 하며, 장사는 번거롭게 갖추기보다는 진심으로 애통해야 한다. 즉, 모든 일은 자기의 분수와 형편에 맞게 해야 한다.

※참고

奢	사치할	사
儉	검소할	검
喪	장사 지낼	상
戚	슬플	척

55.
오상종일불식　　종야불침
吾嘗終日不食하며 終夜不寢하야
이사　　무익　　불여학야
以思러니 無益이라 不如學也로다.

―나는 전에 종일토록 먹지 않고, 밤새도록 자지도 않고, 사
색해 보았으나 유익함이 없었고, 역시 배우는 것만 못하더라.

※참고 ───────

嘗	일찍	상
終	마칠	종
寢	잠잘	침
益	더할	익

56.

오십오유　이지어학　　삼십이립
吾十五有, 而志於學하고 三十而立하고
사십이불혹　　오십이지천명
四十而不惑하고 五十而知天命하고
육십이이순　　칠십이종심소욕
六十而耳順하고 七十而從心所欲,
불유구
不踰矩호라.

―나는 열다섯 살에 학문에 뜻을 두었고, 서른 살에 자립하
였고, 마흔 살에 미혹되지 않았으며, 쉰 살에 천명을 알았고,
예순 살에 남의 말을 잘 들었고, 일흔 살에 마음 내키는 대로
좇아도 법도를 넘지 않았다.

志	뜻	지
惑	의혹	혹
踰	넘을	유
矩	법	구

57. 온 고 이 지 신　　가 이 위 사 의
─ 溫故而知新이면 可以爲師矣니라. ─

─ 옛날의 학문·역사를 충분히 익혀 알고, 나아가 새것을 알고 다스리면 가히 스승이 될 수 있다.

故	옛	고
可	옳을	가
師	스승	사

58. 용 지 즉 행　　사 지 즉 장
─ 用之則行하고 舍之則藏하니라. ─

―나를 써주면 나아가서 뜻을 펴고, 나를 버리면 이내 은퇴한다.

※참고 ―――――

用	쓸	용.
行	갈	행
舍	버릴	사
藏	감출	장

59. 위 방 불 입 난 방 불 거
危邦不入하고 亂邦不居하라.

―위태로운 나라에는 들어가지 말고, 흐트러진 나라에서는 살지 말라.

※참고 ―――――

危	위태할	위
邦	나라	방
亂	어지러울	란
居	살	거

60.

유 군 자 지 도 사 언　　기 행 기 야 공
有君子之道四焉이니 其行己也恭하며

기 사 상 야 경　　기 양 민 야 혜
其事上也敬하며 其養民也惠하며

기 사 민 야 의
其使民也義니라.

— 군자로서 지닌 도가 네 가지 있었다. 몸가짐을 공손히 하였고, 윗사람을 섬김에 충성을 다했고, 백성을 보양함에 은혜로웠고, 백성을 부림에 의로웠다.

※참고

恭	공손할	공
敬	공경할	경
惠	은혜	혜
使	부릴	사

61.

유 덕 자 필 유 언　　유 언 자 불 필 유 덕
有德者必有言이나 有言者不必有德이니라.

인 자 필 유 용　　용 자 불 필 유 인
仁者必有勇이나 勇者不必有仁이니라.

—덕이 있는 사람은 반드시 올바른 말을 한다. 그러나 말을
하는 사람이 반드시 덕을 지니고 있는 것은 아니다. 인자는
반드시 정의롭게 행동을 한다. 그러나 용감한 사람이 반드시
인덕을 지니고 있는 것은 아니다.

※참고 ─────────

有	있을	유
必	반드시	필
勇	용감할	용

62. 유 여 자 여 소 인　　위 난 양 야

┌─────────────────────────────────────┐
唯女子與小人이 爲難養也니

근 지 즉 불 손　　　　원 지 즉 원

近之則不孫하고 遠之則怨이니라.
└─────────────────────────────────────┘

—유독 여자와 소인은 다루기 어렵다. 조금만 가까이하면 불
손하고, 조금만 멀리하면 원망하게 된다.

※참고 ─────────

| 唯 | 오직 | 유 |
| 與 | 더불어 | 여 |

| 難 | 어려울 | 난 |
| 養 | 기를 | 양 |

63.

益者三樂요 損者三樂니라. 樂節禮樂하며
(익자삼요) (손자삼요) (요절예악)

樂道人之善하며 樂多賢友면 益矣요.
(요도인지선) (요다현우) (익의)

樂驕樂하며 樂佚遊하며 樂宴樂이면 損矣니라.
(요교락) (요일유) (요연락) (손의)

—좋아하는 일 중에는 유익한 것이 셋이고, 해로운 것이 셋이다. 절도 있게 예악을 좋아하고, 남의 장점을 즐겨 말하고, 현명한 벗을 많이 사귀기를 좋아하면 유익하다. 사치스럽고 교만하고 놀기를 좋아하고, 일락에 빠져 유흥을 좋아하고, 주색판 벌이기를 좋아하는 것은 해롭다.

※참고

樂	좋아할	요
損	덜	손
節	마디	절
賢	어질	현

驕	교만할	교
佚	편안할	일
宴	잔치	연

64.

익자삼우　손자삼우　우직　우량
益者三友요 損者三友니 友直하며 友諒하며

우다문　익의　우편벽　우선유
友多聞이면 益矣요. 友便辟하며 友善柔하며

우편녕　손의
友便佞이면 損矣이라.

— 유익한 벗이 셋이고, 해로운 벗이 셋이다. 정직한 사람과 벗하고, 성실한 사람과 벗하고, 박학 다식한 사람과 벗하면 유익하다. 편벽한 자와 벗하고, 굽실거리는 자와 벗하거나 빈말 잘하는 자와 벗하면 해롭다.

※참고

益	도울	익
直	곧을	직
諒	믿을	량
便	편안할	편

柔	유할	유
侫	아첨할	녕

65.

인 무 원 려   필 유 근 우

人無遠慮면 必有近憂니라.

―사람은 멀고 깊게 생각하지 않으면 반드시 가까웁게 근심하게 되느니라.

※참고

遠	멀	원
慮	생각	려
憂	근심	우

66.

인 이 무 신   부 지 기 가 야

人而無信이면 不知其可也라.

―사람이 신의가 없으면, 그의 쓸모를 알 수가 없다.

※참고

信	믿을	신

可 가능할 가

67.
인 이 불 인   여 례 하   인 이 불 인
人而不仁이면 如禮何며 人而不仁이면

여 악 하
如樂何오?

— 사람이 어질지 못하면 예는 무엇할 것이며, 사람이 어질지
못하면 음악인들 무엇할 것인가? 즉, 사람이 어질고 사랑에
넘쳐야 한다.

※참고

如 같을 여

禮 예도 례

何 어찌 하

68.
인 자 선 난 이 후 획   가 위 인 의
仁者先難而後獲이니 可謂人矣니라.

— 인자는 남보다 앞서서 어려움을 겪고, 남보다 뒤에 얻는다.
이것이 참된 인이라고 하겠다.

※참고 ─────────

仁	어질	인
難	어려울	난
獲	얻을	획
謂	이를	위

69.

子曰, '學而時習之면 不亦說乎아.

有朋自遠方來면 不亦樂乎아.

人不知而不慍이면 不亦君子乎아.'

— 공자가 말씀하시기를, "배우고 수시로 익히면 또한 기쁘지 않겠는가. 벗이 있어 멀리서 찾아오면 또한 즐겁지 않겠는가. 남이 나를 알아주지 않더라도 노여워하지 않음이 또한 군자가 아니겠는가."

※참고 ─────────

| 習 | 익힐 | 습 |
| 說 | 기쁠 | 열 = 悅(열) |

朋 벗　　　붕

◆君子(군자) : 知(지)·仁(인)·勇(용)을 갖춘 사람.

70.
　자　재　천　상　왈　　서　자　여　사　부　　　　불　사　주　야
┌─子在川上曰, 逝者如斯夫인저 不舍晝夜로다.─┐

— 공자께서 흐르는 냇가에서 말씀하셨다. "저렇게 모든 것이
지나가는구나! 밤낮 없이 쉬지 않고." 즉, 만물도 끝없이 자라
고 변한다. 그러므로 군자도 스스로 노력하고 정진해야 한다.

※참고 ─────

逝	갈	서
斯	이	사
舍	쉴	사
晝	낮	주

71.
　조　문　도　　　석　사　　　가　의
┌─朝聞道면 夕死라도 可矣니라.─┐

— 아침에 도를 듣고 깨달으면 저녁에 죽어도 좋다. 즉, 한평

생 진리나 도리를 모르고 살면 그 삶은 무의미하다.

※참고 ─────────

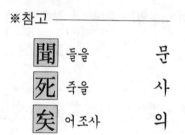

聞 들을 　문
死 죽을 　사
矣 어조사 　의

72. 조 지 장 사 　 기 명 야 애
鳥之將死에 其鳴也哀하고

인 지 장 사 　 기 언 야 선
人之將死에 其言也善이니라.

—새가 죽으려 할 때는 그 울음소리가 애처롭고, 사람이 죽으려 할 때는 그 말이 착하니라. 즉, 사람은 죽음 앞에서 본연의 선(善)으로 돌아가게 마련이다.

※참고 ─────────

鳥 새 　조
將 장차 　장
鳴 울 　명
哀 슬플 　애

73.
_{지 자 불 혹　　　인 자 불 우　　　용 자 불 구}
知者不惑하고 仁者不憂하고 勇者不懼니라.

― 지혜로운 자는 미혹되지 않으며, 어진 자는 걱정하지 않고, 용감한 자는 두려워하지 않는다.

※참고

惑	의혹	혹
憂	근심	우
懼	두려워할	구

74.
_{지 자 요 수　　　인 자 요 산　　　지 자 동}
知者樂水하고 仁者樂山이니 知者動하고
_{인 자 정　　　지 자 락　　　인 자 수}
仁者靜하며 知者樂하고 仁者壽니라.

― 슬기로운 사람은 물을 좋아하고, 어진 사람은 산을 좋아한다. 슬기로운 사람은 움직이고, 어진 사람은 조용하다. 슬기로운 사람은 즐기며 어진 사람은 수한다.

※참고

樂	좋아할	요

靜	고요할	정
壽	목숨	수

75. _{집 덕 불 홍} _{신 도 부 독} _{언 능 위 유}

執德不弘하며 信道不篤이면 焉能爲有며

_{언 능 위 망}

焉能爲亡이리오.

—덕을 실천함에 넓지 못하고, 도를 믿음에 독실하지 못하면
그런 인간은 있으나 없으나 다름이 없다.

※참고 ──────

執	잡을	집
弘	클	홍
篤	두터울	독

76. _{천 하 유 도 즉 현} _{무 도 즉 은}

天下有道則見하고, 無道則隱이니라.

—천하에 도가 있으면 나타나고 도가 없으면 숨느니라.

※참고 ─────

則	곧	즉
見	나타날	현
隱	숨을	은

77.

현재　회야　　일단식　　일표음
賢哉라 回也여, 一簞食과 一瓢飮으로

재　누항　　인　불감기우
在陋巷을 人不堪其憂거늘

회야불개기락　　현재　회야
回也不改其樂하니 賢哉라 回也여.

─참으로 안회는 어질도다. 한 그릇 밥과 한 쪽박의 물을 먹으며 누추한 거처에 사노라면 남들은 그 괴로움을 참지 못하거늘 안회는 그의 즐거움이 변치 않으니 참으로 안회는 어질도다. 즉, 군자는 물질이나 부귀보다도 정신적 가치를 높여야 한다고 강조한 것이다.

※참고 ─────

| 簞 | 소쿠리 | 단 |
| 食 | 밥 | 식 |

瓢	표주박	표
陋	더러울	누
巷	거리	항
堪	견딜	감

78. 획 죄 어 천　　무 소 도 야

獲罪於天이면 無所禱也니라.

— 하늘에 죄를 지으면 빌 곳이 없다. 즉, 하늘에 죄를 짓고는 살길이 없다.

※참고 —————

獲	얻을	획
罪	허물	죄
禱	기도할	도

79. 흥 어 시　　입 어 례　　성 어 악

興於詩하여 立於禮하며 成於樂이니라.

— 시로써 감흥을 일으키고 예로써 행동 규범을 세우며 음악

으로써 조화되게 한다. 즉, '시·예·악'을 활용하여 개개인의 인격을 완성하고 도의 사회를 세우는 것이 공자의 이상이었다.

※참고 ——————

興	일어날	흥
禮	예도	례
樂	음악	악

大學(대학)

1.
관유이교　　불보무도　　남방지강야
寬柔以敎오 不報無道는 南方之强也니

군 자 거 지
君子居之니라.

―너그럽고 부드러운 것으로써 가르치고, 도리가 없는 사람을 가리지 않는 것은 남쪽의 굳센 것으로 군자가 여기에 서 있다.

※참고 ―――――

寬	너그러울	관
柔	부드러울	유
報	갚을	보

2.
대학지도　　재명명덕　　　재친민
大學之道는 在明明德하며 在親民하며

재 지 어 지 선
在止於至善이니라.

―큰 배움의 일은 밝은 덕을 밝히는 것에 있고, 백성을 가까이하는 것이 있으며, 더없이 좋은 곳에 머무르는 것에 있다.

※참고 ────────

在	있을	재
德	큰	덕
善	착할	선

3.
물 유 본 말　　사 유 종 시　　지 소 선 후
物有本末하고 **事有終始**하니 **知所先後**면
즉 근 도 의
則近道矣리라.

―모든 것은 밑과 끝이 있고, 모든 일은 끝마침과 시작이 있다. 먼저 하고 뒤에 하는 것을 알면 곧 바른길에 가까워질 것이다.

※참고 ────────

有	있을	유
先	먼저	선
則	곧	즉

4.

_{부윤옥 덕윤신 심광체반}
富潤屋이요 德潤身이라 心廣體胖하나니

_{고 군자 필성기의}
故로 君子는 必誠其意니라.

— 넉넉한 살림은 집을 빛나게 하고, 쌓은 덕은 몸을 빛나게 한다. 그로 인해 마음도 넓어지고 몸도 따라 편안해진다. 그러므로 어린이는 반드시 그 생각을 참되게 한다.

※참고 ─────────

潤 빛이 나는 윤
胖 편안할 반

5.

_{소위성기의자 무자기야}
所謂誠其意者는 毋自欺也니

_{여오악취 여호호색 차지위자겸}
如惡惡臭하며 如好好色이 此之謂自謙이니

_{고 군자 필신기독야}
故로 君子는 必愼其獨也니라.

— 이른바 그 생각을 참되게 한다는 것은 스스로 속이지 않는 것이다. 나쁜 냄새를 싫어하듯 하며, 잘생긴 얼굴을 좋아하듯

하는 것이 곧 스스로 만족해한다는 것이다. 그러므로 군자는 반드시 그가 혼자 있을 때를 조심한다.

※참고 ────────

毋	하지 않는	무
欺	속일	기
臭	냄새	취
愼	조심	신

6.

소 위 수 신　　재 정 기 심 자
所謂修身이 在正其心者는

신 유 소 분 치 즉 부 득 기 정
身有所忿懥則不得其正하고

유 소 공 구 즉 불 득 기 정
有所恐懼則不得其正하고

유 소 호 요 즉 불 득 기 정
有所好樂則不得其正하고

유 소 우 환 즉 불 득 기 정
有所憂患則不得其正이니라.

─이른바 몸을 닦는 것이 그 마음을 바르게 하는 것에 있다는 것은 마음에 성내는 바가 있으면 그 바름을 얻지 못하고,

두려워하는 바가 있으면 그 바름을 얻지 못하고, 좋아하는 바가 있으면 그 바름을 얻지 못하고, 걱정하는 바가 있으면 그 바름을 얻지 못하기 때문이다. 즉, '내 몸에 분한 마음이 있으면 태도나 행동이 바를 수 없다'는 뜻으로 보는 것이다.

※참고 ─────────

忿 성낼   분

恐 두려울   공

◆忿懥(분치) : 성을 내는 것.
◆好樂(호요) : 지나치게 좋아하는 것.

7.
소인 한거 위불선 무소불지
小人이 閑居에 爲不善호대 無所不至하다가

견군자이후 암연엄기불선
見君子而後에 厭然揜其不善하고

이저기선 인지시기
而著其善하나니 人之視己.

여견기폐간연 즉하익
如見其肺肝然이니 則何益이리요.

—소인이 한가하게 혼자 있을 때 좋지 못한 일을 하는 것이 이르지 않는 곳이 없다. 군자를 본 다음에야 허둥지둥 그 좋

지 못한 것을 감추고 좋은 것만을 드러내 보인다. 상대가 나를 눈여겨보는 것이 마치 자기 속마음을 들여다보듯 할 것이니 무슨 도움이 되겠는가? 즉, 마음속에 있는 참모습을 아무리 감추려 해도 그 눈빛과 얼굴 표정과 몸의 움직임을 통해 있는 그대로 드러나고 만다고 하는 것이다.

※참고 ─────────

| 揜 | 감출 | 엄 |
| 著 | 밖에 드러내는 | 저 |

◆厭然(암연) : 눈앞이 캄캄해지는 것처럼 넋잃은 모습.

8.
시 운 도 지 요 요 　 기 엽 진 진
詩云, 桃之夭夭여 其葉蓁蓁이로다.
지 자 우 귀 　 의 기 가 인
之子于歸여 宜其家人이라 하니
의 기 가 인 이 후 　 가 이 교 국 인
宜其家人而后에 可以敎國人이니라.

─《시경》에 말하기를, '복숭아나무 어린 가지에 그 잎이 무성하구나. 시집가는 저 여자가 시집에 가면 시집 사람들을 화목하게 할 것이다'라고 했다. 그러므로 내 집안 사람을 화목하게 만든 다음에라야 나라 사람들을 바로 이끌 수 있음을 말한다.

※참고 ─────────

桃	복숭아	도
夭	어린 초목	요
葉	잎사귀	엽
蓁	무성할	진

9.

> 詩云, 縣蠻黃鳥여 止于丘隅라 하거늘 子曰,
> 於止에 知其所止어늘 可以人而不如鳥乎아.

(시 운 면 만 황 조　지 우 구 우　자 왈)
(어 지　지 기 소 지　가 이 인 이 불 여 조 호)

─《시경》에 말하기를, '고운 목소리의 꾀꼬리여, 언덕 모퉁이 숲이 우거진 곳에 머물러 있구나'라고 했다. 이 글을 보시고 공자는 '머무름에 그 머물 곳을 알거늘 사람이 새만 못해서 되겠느냐?'라고 하셨다.

※참고 ─────────

縣	솜	면
隅	모퉁이	우

◆縣蠻(면만) : 꾀꼬리 우는 소리.
◆丘隅(구우) : 산모퉁이 나무가 무성한 곳.

10.
심부재언   시 이 불 견   청 이 불 문
心不在焉이면 視而不見하며 聽而不聞하며

식 이 부 지 기 미
食而不知其味니라.

— 마음이 거기에 없으면 눈길이 그곳으로 향해 있어도 보이지 않고, 들어도 들리지 않고, 먹어도 그 맛을 알지 못한다.

※참고

視	볼	시
聽	들을	청
味	맛	미

11.
인 자   이 재 발 신   불 인 자   이 신 발 재
仁者는 以財發身하고 不仁者는 以身發財니라.

— 어진 사람은 재물로서 내 몸을 키워 나가고, 어질지 못한 사람은 내 몸으로서 재물을 불려 나간다.

※참고

| 仁 | 어질 | 인 |

財	재물	재
發	필	발

12.

차 위 치 국　　재 제 기 가
此謂治國이 在齊其家니라.

— 이를 일러 나라 다스리는 것이 그 집을 고르게 하는 것에
있다고 한다. 즉, 나라를 다스리는 사람은 먼저 내 집안부터
바르게 해야 한다.

※참고 —————

治	다스릴	치
在	있을	재
齊	고를	제

童蒙先習(동몽선습)

1.

연 즉 부 자 자 효　　　군 의 신 충
然則父慈子孝하며 君義臣忠하며

부 화 부 순　　　형 우 제 공
夫和婦順하며 兄友弟恭하며

붕 우 보 인 연 후　　　방 가 위 지 인 의
朋友輔仁然後에야 方可謂之人矣니라.

— 그렇다면 아버지는 사랑하고 자식은 효도하며, 임금은 의롭고 신하는 충성되며, 남편은 화평하고 아내는 유순하며, 형은 우애하고 아우는 공경하며, 벗 사이에는 인으로 서로 도운 연후에야 바야흐로 사람이라 할 수 있다.

※참고

慈	사랑	자
婦	아내	부
恭	공손할	공
輔	도울	보
謂	이를	위

2.

天_천地_지之_지間_간萬_만物_물之_지衆_중에 惟_유人_인이 最_최貴_귀하니

所_소貴_귀乎_호人_인者_자는 以_이其_기有_유五_오倫_륜也_야라. 是_시故_고로

孟_맹子_자曰_왈, 父_부子_자有_유親_친하며 君_군臣_신有_유義_의하며

夫_부婦_부有_유別_별하며 長_장幼_유有_유序_서하며

朋_붕友_우有_유信_신이라 하시니 人_인而_이不_부知_지有_유五_오常_상하며

則_즉其_기違_위禽_금獸_수不_불遠_원矣_의니라.

— 하늘과 땅 사이의 만물의 무리 중에서 오직 사람이 가장 귀한데, 사람이 귀한 까닭은 오륜(五倫)이 있기 때문이다. 이런 까닭에 맹자가 말하기를, "아버지와 자식은 친함이 있고, 임금과 신하는 의리가 있고, 남편과 아내는 분별력이 있고, 어른과 어린이는 차례가 있고, 벗 사이에는 믿음이 있다." 했으나, 사람이 되어 이 다섯 가지 도리가 있음을 알지 못한다면, 금수와 다름이 없다. 즉, 사람에게는 오륜이 있으므로 다른 동물에 비하여 고귀하다는 결론을 내렸다.

※참고 ─────────

衆 무리 　　중

惟	생각할	유
親	친할	친
婦	며느리	부
幼	어릴	유
朋	벗	붕
常	항상	상
違	어길	위
禽	새	금
獸	짐승	수

◆孟子(맹자) : 이름은 가(軻), 산동성(山東省)에서 태어남. 공자(孔子)의 도를 밝혀서 유교(儒教)를 체계화하였다.

孟子(맹자)

1.

公都子問曰, 鈞是人也로되 惑爲大人하며
<small>공도자문왈 균시인야 혹위대인</small>

惑爲小人은 何也이꼬. 孟子曰,
<small>혹위소인 하야 맹자왈</small>

從其大體爲大人이오 從其小體爲小人이니라.
<small>종기대체위대인 종기소체위소인</small>

— 공도자가 물었다.

"다 같은 사람인데 어떤 사람은 대인이라고 하고 어떤 사람은 소인이라고 하니 어째서입니까?"

맹자가 말했다.

"큰 것을 따르면 대인이 되고 작은 것을 좇으면 소인이 된다."

※참고 ───────

都	도읍 고를	도
鈞	고를	균
是	이	시
孟	맏	맹

| 從 | 따를 | 종 |
| 體 | 몸 | 체 |

2.

맹자대왈　지방백리이가이왕
孟子對曰, 地方百里而可以王이니이다.

왕여시인정어민　　생형벌
王如施仁政於民하사 **省刑罰**하시며

박세렴　　심경이누　　장자이가일
薄稅斂하시면 **深耕易耨**하고 **壯者以暇日**로

수기효제충신　　입이사기부형
修其孝悌忠信하여 **入以事其父兄**하며

출이사기장상　　가사제정
出以事其長上하리니 **可使制梃**하여

이달진초지견갑리병의
以撻秦楚之堅甲利兵矣리이다.

— 맹자는 대답했다.

"사방 백 리의 영토로써도 왕이 될 수 있습니다. 왕께서는 백성들에게 어진 정치를 베풀어 형벌을 되도록 줄이고 세금을 가볍게 하여, 백성들이 열심히 밭을 갈고 김매도록 하여야 합니다. 장정들에게는 일 없는 여가에 효·제·충·신을 배우게 하여, 집안에서는 부형을 잘 섬기고 바깥에서는 어른들을 공경하도록 지도한다면, 백성들은 몽둥이를 들고서도 저 진나

라·초나라의 견고한 갑옷과 예리한 무기를 두들겨 쫓게 할
수 있습니다."

※참고 ─────

施	베풀	시
罰	죄	벌
耨	김맬	누
修	배울	수

3.

맹자왈　고지현왕　호선이망세
孟子曰, 古之賢王이 好善而忘勢하더니

고지현사하독불연
古之賢士何獨不然이리오.

낙기도이망인지세　고　왕공
樂其道而忘人之勢라. 故로 王公이

불치경진례즉부득기견지
不致敬盡禮則不得亟見之하니

견차유부득기　이황득이신지호
見且猶不得亟은 而況得而臣之乎아.

─맹자가 말했다.

"옛날의 현명한 왕은 선을 좋아하여 권세를 염두에 두지

않았다. 옛날의 현명한 선비도 어찌 홀로 그렇게 하지 않았겠는가. 역시 그 길을 즐기고 타인의 권세 따위는 염두에 두지 않았다. 그러므로 왕공(王公)이라도 경의와 예의를 다하지 않는 한, 그들은 자주 만날 수 없었다. 만나는 것마저 자주 할 수 없는데 하물며 현사(賢士)를 신하로 삼는 일에 있어서야 쉬웠겠는가."

※참고 ─────────

敬	공경	경
盡	다할	진
況	하물며	황

4.

맹자왈   군자유삼락이왕천하
孟子曰, "君子有三樂而王天下는

불여존언
不與存焉이니라.

부모구존   형제무고   일락야
父母俱存하고 兄弟無故가 一樂也요.

앙불괴어천   부부작어인   이락야
仰不愧於天하고 俯不怍於人이 二樂也요.

득천하영재이교육지   삼락야
得天下英才而教育之가 三樂也니라."

— 맹자가 말씀하기를, "군자는 세 가지 즐거움이 있으나 천하에 왕노릇하는 일은 더불어 있지 아니하니라. 부모가 함께 살아 계시며 형제가 아무 탈이 없는 것이 첫째 즐거움이요, 우러러 하늘에 부끄러움이 없고 구부려 사람들에게 부끄러움이 없는 것이 둘째 즐거움이요, 천하의 영재를 얻어 그들을 가르치는 것이 셋째 즐거움이니라."

※참고 ─────────

與	더불을	여
存	있을	존
俱	갖출	구
愧	부끄러울	괴
怍	부끄러울	작

5.

맹 자 왈　　만 물　　개 비 어 아 의
孟子曰, 萬物이 皆備於我矣니

반 신 이 성　　　낙 막 대 언
反身而誠이면 樂莫大焉이오

강 서 이 행　　　구 인　　막 근 언
彊恕而行이면 求人이 莫近焉이니라.

— 맹자가 말했다.

"만물은 모두가 내 마음에 갖추어져 있다. 스스로를 반성하여 참되다고 하면 즐거움이 이보다 더 큰 것이 없다. 자신의 마음을 미루어 보고 남을 대우하는데 힘써 나아가면 인을 구하는 데 이보다 더 가까운 길이 없다.

※참고 ─────────

備	갖출	비
莫	없을	막
彊	굳셀	강
恕	용서할	서
近	가까울	근

6.

맹자왈 오곡자 종지미자야
孟子曰, 五穀者는 種之美者也나

구위불숙 불여제패 부인
苟爲不熟이면 不如第稗니 夫仁도

역재호열지이이의
亦在乎熟之而已矣니라.

— 맹자가 말했다.

"오곡이라는 것은 여러 가지 곡식 중에서도 좋은 것이지만, 아무리 오곡이라도 익지 않으면 피만도 못하다. 이와 마찬가지로 인(仁)도 익게 하는 데 있을 뿐이다."

※참고 ─────────

穀	곡식	곡
苟	진실로	구
熟	익을	숙
稗	피	패
熱	더울	열

7.

맹자왈 욕귀자 인지동심야 인인
孟子曰, 欲貴者는 人之同心也니 人人이

유귀어기자 불사이
有貴於己者건마는 弗思耳니라.

인지소귀자 비량귀야 조맹지소귀
人之所貴者는 非良貴也니 趙孟之所貴를

조맹 능천지
趙孟이 能賤之니라.

─ 맹자가 말했다.

"귀하게 되고자 하는 마음은 사람이면 다 같다. 사람들은 자기가 귀한 것을 갖고 있다는 것은 생각해 보지도 않는다. 남이 자기를 귀하게 하는 것은 참으로 귀한 것이 아니다. 이를테면 조맹(趙孟)이 스스로 귀하게 하고 조맹이 마음대로 천하게 한 그런 것이기 때문이다.

※참고 ─────────

貴 귀할 귀

己 몸 기

弗 아닐 불

趙 나라 조

賤 천할 천

8.

_{맹 자 왈   인 불 가 이 무 치   무 치 지 치}

孟子曰, 人不可以無恥니 無恥之恥면

_{무 치 의}

無恥矣니라.

─맹자가 말했다.

"사람에게는 부끄러워하는 마음이 없어서는 안 된다. 부끄러워하는 마음이 없는 것을 부끄럽게 생각한다면 부끄러운 행위는 없어질 것이다."

※참고 ─────────

可 옳을 가

| 無 | 없을 | 무 |
| 恥 | 부끄러워할 | 치 |

9.

<small>맹 자 왈　인　인 심 야　의　인 로 야</small>

孟子曰, 仁은 人心也오 義는 人路也니라.

<small>사 기 로 이 불 유　　방 기 심 이 부 지 구</small>

舍其路而不由하며 放其心而不知求하나니

<small>애 재</small>

哀哉라.

— 맹자가 말했다.

"어질다는 것은 사람의 마음을 말하는 것이고, 의롭다는 것은 사람이 걸어야 될 길을 말한다. 그 길을 버리고 걸어가지 않고 그 마음을 놓치고 찾을 줄을 모르나니 슬픈 일이다."

※참고 ──────

路	길	로
舍	버릴	사
放	놓을	방
求	구할	구
哀	슬플	애

10.

_{맹 자 왈   인 지 승 불 인 야 유 수 승 화}
孟子曰, 仁之勝不仁也猶水勝火하니

_{금 지 위 인 자   유 이 일 배 수}
今之爲仁者는 猶以一杯水로

_{구 일 거 신 지 화 야}
救一車薪之火也라.

_{불 식 즉 위 지 수 불 승 화}
不熄則謂之水不勝火라 하나니

_{차 우 여 어 불 인 지 심 자 야}
此又與於不仁之甚者也라.

_{역 종 필 망 이 이 의}
亦終必亡而已矣니라.

— 맹자가 말했다.

"인이 불인(不仁)을 이기는 것은 물이 불을 이기는 것과 같
다. 그러나 지금의 인을 행하는 사람은 말하자면 겨우 한 잔
의 물로 수레에 산더미처럼 쌓인 장작이 타오르는 것을 끄려
는 것이나 마찬가지이다. 꺼지지 않는 것은 당연한 일인데 물
은 불을 이길 수 없다고 말한다. 이래서야 인을 행하기는커
녕, 크게 불인에 관여하는 것이다. 그 행하다만 약간의 인도
결국 잃어버리게 될 것이다."

※참고 ────

勝 이길   승

猶	같을	유
薪	섭	신
熄	불 꺼질	식

11. <ruby>孟<rt>맹</rt></ruby><ruby>子<rt>자</rt></ruby><ruby>曰<rt>왈</rt></ruby>, <ruby>恥<rt>치</rt></ruby><ruby>之<rt>지</rt></ruby><ruby>於<rt>어</rt></ruby><ruby>人<rt>인</rt></ruby>에 <ruby>大<rt>대</rt></ruby><ruby>矣<rt>의</rt></ruby>라.

<ruby>爲<rt>위</rt></ruby><ruby>機<rt>기</rt></ruby><ruby>變<rt>변</rt></ruby><ruby>之<rt>지</rt></ruby><ruby>巧<rt>교</rt></ruby><ruby>者<rt>자</rt></ruby>는 <ruby>無<rt>무</rt></ruby><ruby>所<rt>소</rt></ruby><ruby>用<rt>용</rt></ruby><ruby>恥<rt>치</rt></ruby><ruby>焉<rt>언</rt></ruby>이니라.

<ruby>不<rt>불</rt></ruby><ruby>恥<rt>치</rt></ruby><ruby>不<rt>불</rt></ruby><ruby>若<rt>약</rt></ruby><ruby>人<rt>인</rt></ruby>이면 <ruby>何<rt>하</rt></ruby><ruby>若<rt>약</rt></ruby><ruby>人<rt>인</rt></ruby><ruby>有<rt>유</rt></ruby>리오.

— 맹자가 말했다.

"부끄러움을 안다는 것은 사람에게 있어서 가장 중요한 것이다. 임기응변에 뛰어난 사람은 부끄러운 것인 줄 모른다. 남만 못한 것을 부끄러워하지 않으면 어떻게 남과 같을 수 있겠는가."

※참고 ────────

恥	부끄러울	치
巧	뛰어날	교
何	어찌	하

12.

_{시 운 기 취 이 주 　 기 포 이 덕}
詩云, 旣醉以酒오 旣飽以德이라 하니

_{언 포 호 인 의 야}
言飽乎仁義也라

_{소 이 불 원 인 지 고 량 진 미 야}
所以不願人之膏粱珍味也며

_{영 문 광 예 시 어 신}
令聞廣譽施於身이라

_{소 이 불 원 인 지 문 수 야}
所以不願人之文繡也니라.

—《시경》에 '몸은 온통 술에 취하고, 또 왕덕(王德)이 마음 가득하다'라는 말이 있는데, 이것은 인의(仁義)의 덕에 만족했다는 뜻이다. 인의의 덕에 만족하면 이미 사람이 먹는 진미에도 마음이 끌리지 않고, 그 결과 평판이 나고 명예가 높아지므로 남의 화사한 옷차림을 봐도 부러운 생각이 들지 않는다.

※참고

旣	이미	기
醉	술 취할	취
膏	기름	고
譽	명예	예

13.

양 혜 왕 왈　진 국　천 하　막 강 언
梁惠王曰, 晋國이 天下에 莫强焉은

수 지 소 지 야　급 과 인 지 신　동 패 어 제
叟之所知也라. 及寡人之身하여 東敗於齊에

장 자 사 언　서 상 지 어 진 칠 백 리
長子死焉하고 西喪地於秦七百里하고

남 욕 어 초　과 인　치 지　원 비 사 자
南辱於楚하니 寡人이 恥之하여 願比死者하여

일 세 지　여 지 하 즉 가
一洒之하노니. 如之何則可니이꼬.

— 양혜왕이 말했다.

"진(晋)나라가 천하에서 가장 강했던 것은 선생님께서도 다 아시는 일입니다. 그런데 내 대에 들어와서 동쪽으로는 제나라에 패해서 태자까지 죽었습니다. 서쪽으로는 진(秦)나라에 칠백 리의 영토를 잃었으며 남쪽으로는 초나라에 욕됨을 받게 됐습니다. 과인은 이를 부끄럽게 생각하고, 죽은 사람의 영혼을 위로하기 위해서라도 한번 설욕을 하고 싶습니다. 어떻게 하면 좋겠습니까?"

※참고 ───

莫 없을　　　　막

喪 잃을　　　　상

恥 부끄러울 치
洒 설욕 세

14.

^{왈 균 시 인 야   혹 종 기 대 체}
日, 鈞是人也로되 惑從其大體하며

^{혹 종 기 소 체   하 야   왈   이 목 지 관}
惑從其小體는 何也이꼬 日, 耳目之官은

^{불 사 이 폐 어 물   물}
不思而蔽於物하나니 物이

^{교 물 즉 인 지 이 이 의   심 지 관 즉 사}
交物則引之而已矣오 心之官則思라.

^{사 즉 득 지   불 사 즉 부 득 야}
思則得之하고 不思則不得也니

^{차 천 지 소 여 아 자   선 립 호 기 대 자}
此天之所與我者라. 先立乎其大者면

^{즉 기 소 자 불 능 탈 야   차 위 대 인 이 이 의}
則其小者不能奪也니 此爲大人而已矣니라.

―"하지만 다 같은 사람인데, 어떤 사람은 큰 것을 좇고 어떤 사람은 작은 것을 좇게 되는 것은 왜 그렇습니까?"

"귀나 눈은 생각하는 기능이 없기 때문에 사물을 제대로 판단하지 못하고 사물에 접촉하면 그것에 끌려들기 마련이다.

그러나 마음만은 생각하는 기능을 갖고 있어서 생각만 하면 사물의 참다운 모습을 파악할 수 있다. 그러나 생각을 하지 못하면 기능을 발휘하지 못한다. 마음이든 이목이든 다같이 하늘이 준 것이지만 이 두 가지 중 큰 것, 즉 마음으로 사물을 판단하게 되면 작은 것, 즉 이목의 유혹에 끌리지 않게 된다. 그것이 바로 대인인 것이다."

※참고 ─────

鈞	고를	균
耳	귀	이
蔽	가릴	폐
奪	끌릴	탈

15.

인 유계견 방즉지구지
人이 有鷄犬이 放則知求之하되

유방심이부지구 학문지도 무타
有放心而不知求하나니 學問之道는 無他라.

구기방심이이의
求其放心而已矣니라.

─사람은 닭이나 개를 놓치면 찾을 줄 알면서도 마음을 놓치면 찾을 줄 모른다. 학문의 길은 다른 데 있지 아니하고 그

놓친 마음을 찾는 데 있을 뿐이다.

※참고 ───────

鷄	닭	계
犬	개	견
放	놓을	방
他	다를	타

16.

彼奪其民時하여 使不得耕耨하여
피 탈 기 민 시　　　사 부 득 경 누

以養其父母하면 父母凍餓하며
이 양 기 부 모　　　부 모 동 아

兄弟妻子離散하리니 彼陷溺其民이어든
형 제 처 자 이 산　　　피 함 익 기 민

王이 往而征之하시면 夫誰與王敵이리이꼬.
왕　 왕 이 정 지　　　부 수 여 왕 적

故로 曰, 仁者는 無敵이라 하니 王請勿疑하소서.
고　 왈　 인 자　 무 적　　　왕 청 물 의

―"저들 적국에서는 백성들의 시간을 빼앗아 밭 갈고 김을 매어 부모를 봉양할 수 없게 부리고 있습니다. 부모들은 굶주림과 추위에 시달리고 형제와 처자식들은 사방으로 흩어져

가고 있습니다. 그들이 그 백성들을 구렁에 빠뜨려 허우적거리게 하는데, 왕께서 가셔서 정벌을 하신다면 누가 왕에게 대적하겠습니까. '어진 사람에겐 적이 없다'고 한 말은 이러한 까닭입니다. 왕께서는 조금도 내 말을 의심하지 마십시오."

※참고 ────────────

奪	빼앗을	탈
養	기를	양
凍	얼	동
餓	굶주릴	아
離	떠날	리
陷	빠질	함
溺	빠질	익
誰	누구	수
疑	의심할	의

明心寶鑑(명심보감)

1. 심안모옥온 성정채갱향
— 心安茅屋穩이요 性定菜羹香이니라. —

— 마음이 편안하면 초가집도 안온하고 성품이 안정되면 나물 국도 향기로우니라.

※참고 —

茅 띠 모
屋 집 옥
穩 편안할 온
菜 나물 채
羹 국 갱

2. 자왈 위선자 천보지이복 위선자
— 子曰, 爲善者는 天報之以福하고 爲善者는 —
천보지이화
天報之以禍니라.

— 공자가 말씀하시기를, "착한 일을 하는 사람에게는 하늘이 복을 주시고 악한 일을 하는 사람에게는 하늘이 재앙을 주느니라."라고 하셨다.

※참고 ───────────

善	착할	선
報	갚을	보
禍	재앙	화

墨子(묵자)

1.
비 무 안 거 야　　아 무 안 심 야
非無安居也요 我無安心也니라.

―편안하게 살 집이 없는 것이 아니라 편안한 마음이 없기 때문에 편안하게 지낼 수 없다는 말이다. 즉, 오두막집이라도 마음이 편안하면 편안함을 누릴 수 있는 것이다.

※참고

非	아닐	비
安	편안할	안
我	나	아

2.
수 요 빈 부　　안 위 치 란　　고 유 천 명
壽夭貧富와 安危治亂은 固有天命이니라.

―오래 살고 일찍 죽는 것, 가난하고 부유한 것, 편안하고 위태로운 것, 다스려지고 어지러운 것은 본시부터 하늘이 정한 운명이다.

※참고 ─────────────

壽	목숨	수
夭	일찍 죽을	요
亂	어지러울	란

3. 언 의 이 불 행   시 범 명 야

──言義而弗行은 是犯明也니라.──

─의로움을 말하면서도 행하지 않는 것은 잘 알면서도 죄를 범하는 것과 같다.

※참고 ─────────────

犯	범할	범

 ◆ 弗行(불행) : 실행하지 않다. 不(불)
 ◆ 是犯明也(시범명야) : 잘 알고 있으면서도 일부러 죄를 범한다.

4. 유 이 란 투 석 야

──猶以卵投石也니라.──

─달걀로 바위를 치는 것과 같은 것이다. 즉, 묵자는 자기의

주장에 절대적인 신념을 가지고 있었다. 그래서 하는 말이 "다른 말로써 내 말을 비난하는 것은 마치 계란으로 바위를 치는 것과 같다"고 주장했다는 것이다.

※참고 ─────────

猶	같을	유
卵	계란	란
投	던질	투

5.

_{장 인 지 착 이 불 능}   _{무 배 기 승}

┌─ 匠人之斲而不能이라도 無排其繩이니라. ─┐

─목수가 나무를 깎다가 잘 되지 않는다 하여, 그 먹줄을 어기지는 못한다. 즉, 의로움이란 절대적인 기준임을 강조한 말이다.

※참고 ─────────

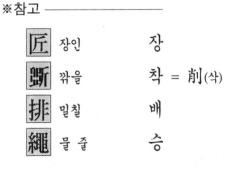

匠	장인	장
斲	깎을	착 = 削(삭)
排	밀칠	배
繩	물 줄	승

6. 조 자 지 공 비 위 어 사 야

釣者之恭은 非爲魚賜也니라.

— 낚시꾼이 공손한 것은 고기에게 먹이를 주기 위한 것이 아니다. 즉, 겉으로 나타나는 사실만 보고는 그 속사정을 알 수 없다는 비유이다.

※참고 ─────

| 釣 | 낚시 | 조 |
| 賜 | 줄 | 사 |

◆釣者(조자) : 낚시꾼.

荀子(순자)

1.
동 일 지 폐 동 야 불 고
冬日之閉凍也不固면

즉 춘 하 지 장 초 목 야 불 무
則春夏之長草木也不茂니라.

—겨울에 땅을 굳게 얼어붙도록 하는 강추위가 없으면, 봄철 여름철의 초목은 무성하게 자라지 못한다.

※참고

閉	닫을	폐
凍	얼	동
茂	무성할	무

◆閉凍(폐동) : 딱딱하게 얼어붙다. 땅이 굳게 얼어붙다.

2.
목 수 승 즉 직   금 취 려 즉 리
木受繩則直하며 金就礪則利하니라.

—나무는 먹줄의 힘을 빌어 곧게 되고, 쇠붙이는 숫돌에 갈

려서 날카롭게 된다. 즉, 사람도 훌륭한 인물이 되고자 하면 학문으로써 지혜를 명석하게 하고, 덕행으로써 인품을 가꾸어야 한다는 비유이다.

※참고 ―――――――――

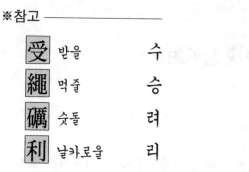

受	받을	수
繩	먹줄	승
礪	숫돌	려
利	날카로울	리

3. 분 거 지 상 무 중 니 복 주 지 하 무 백 이

┌─ 奔車之上無仲尼요 覆舟之下無伯夷니라. ─┐

―마구 달리는 수레 위에 공자 없고, 뒤집힌 배 밑에 백이 없다. 즉, 군자는 결코 위험한 데에 접근하지 않는다.

※참고 ―――――――――

| 奔 | 달아날 | 분 |
| 覆 | 덮을 | 복 |

◆奔車(분거) : 마구 달리는 수레.

◆覆舟(복주) : 뒤집힌 배.

4.

비 천 시 수 십 요 불 능 동 생 일 수
非天時면 雖十堯不能冬生一穗니라.

— 천시가 아니면 비록 열 사람의 요임금이 있다 하더라도 겨울철에 한 개의 이삭도 나게 할 수 없다.

※참고

雖	비록	수
堯	요임금	요
穗	이삭	수

5.

삼 인 언 이 성 호
三人言而成虎니라.

— 세 사람이 말하면 없는 범도 있는 것이 된다. 즉, 시장 바닥에 호랑이가 없는 것은 사실이지만 많은 사람들이 똑같은 말을 하게 되면 그때는 믿게 된다.

※참고

| 言 | 말씀 | 언 |
| 成 | 이룰 | 성 |

虎 범 호

6. 시 강 즉 목 불 명   청 심 즉 이 불 총

視强則目不明하고 聽甚則耳不聰하니라.

— 억지로 보고자 하면 눈이 밝지 못하고, 듣고자 조바심하면
귀가 들리지 않는다. 즉, 무슨 일이든 억지로 하거나 지나치
게 하지 말라는 뜻이다.

※참고 ─────────

視 볼   시

明 밝을   명

聰 귀 밝을   총

7. 오 상 종 일 이 사 의   불 여 수 유 지 소 학 야

吾嘗終日而思矣나 不如須臾之所學也요,

오 기 이 망 의   불 여 고 지 박 견 야

吾跂而望矣나 不如高之博見也니라.

— 내가 일찍이 종일토록 생각하였으나 잠깐 동안의 배움만
못했고, 내가 발돋움하고 바라보았으나 높은 데서 넓게 보는
것만 못하였다. 즉, 적극적으로 노력하고 실천해야만 성공을

기할 수 있다는 것을 말한다.

※참고 ─────────

跂	발돋음할	기
望	바랄	망
博	넓을	박

8. 양 의 지 문 　다 병 인
── **良醫之門**은 **多病人**이니라. ──────

── 용한 의원 집 앞에는 병자들이 많다. 즉, 학덕이 높은 스승이 있으면 배우려는 제자들이 많이 찾아오게 마련이다.

※참고 ─────────

良	어질	량
多	많을	다
病	병들	병

9. 우 수 화 원 　　좌 수 화 방 　　불 능 양 성
── **右手畵圓**하고 **左手畵方**하면 **不能兩成**이니라. ──

─오른손으로 동그라미를 그리고 왼손으로 네모를 그리려 하면, 그 어느 쪽도 그려지지 않는다. 즉, 두 마리의 토끼를 쫓는 사람은 한 마리도 잡지 못한다와 같은 뜻이다.

※참고 ─────

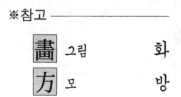

畫 그림   화

方 모   방

10. 원 수   불 구 근 화 야
─遠水는 不救近火也니라.─

─먼 데 있는 물이 가까운 곳의 불을 끌 수 없다. 즉, 먼 데 있는 친척보다 이웃 사촌이 낫다는 말이다.

※참고 ─────

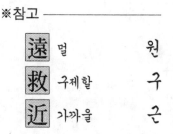

遠 멀   원

救 구제할   구

近 가까울   근

11. 유 이 불 시   궁 무 여 야
─有而不施면 窮無與也니라.─

―있을 때 베풀지 않으면 궁해졌을 때 도움을 받지 못한다. 즉, 여유가 있으면 기꺼이 남을 도와주어야 한다는 뜻이다.

※참고 ―――――――――

施 베풀　시

窮 궁할　궁

與 줄　여

12. 인 심 비 여 반 수
人心譬如槃水니라.

―사람의 마음은 비유하자면 쟁반에 담긴 물과 같다. 즉, 사람의 마음도 이와 같이 흔들리게 되면 아무 소용이 없다는 말이다.

※참고 ―――――――――

譬 비유할　비

槃 쟁반　반

13. 인 지 욕 위 선 자　　위 성 악 야
人之欲爲善者는 爲性惡也니라.

─사람이 착해지려고 하는 것은 그 본성이 악하기 때문이다.

※참고

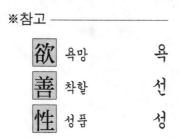

欲	욕망	욕
善	착할	선
性	성품	성

14. 일 수 독 박　　수 질 무 성

┌─ **一手獨拍**이면 **雖疾無聲**이니라.─┐

─한 손으로는 아무리 빨리 쳐도 소리가 나지 않는다.

※참고

雖	비록	수
疾	빠를	질
聲	소리	성

15. 지 자 자 지　　인 자 자 애

┌─ **知者自知**요 **仁者自愛**니라.─┐

─지자는 스스로를 알고, 인자는 스스로를 아끼고 사랑한다.

※참고 ─────────

知	알	지
自	스스로	자
仁	어질	인

16.

청 취 지 어 람   이 청 어 람

青取之於藍이나 而青於藍이니라.

─ 푸른빛은 남빛에서 뽑아내지만 남빛보다 더 푸르다. 즉, 제자가 스승보다 학문이나 수양이 한걸음 앞서 있는 것을 비유한 말이다.

※참고 ─────────

青	푸른	청
藍	쪽풀	람
於	비교할	어

列子(열자)

1.
기 국 유 인 우 천 지 붕 추
杞國有人이 憂天地崩墜하니라.

— 기나라의 한 사람이 천지가 무너지고 꺼질까 걱정했다. 그래서 쓸데없는 군걱정을 하는 것을 기우(杞憂)라고 한다.

※참고

杞	나라	기
憂	근심	우
崩	무너질	붕
墜	떨어질	추

◆崩墜(붕추) : 허물어져 떨어지다.

2.
득 의 자 무 언 진 지 자 역 무 언
得意者無言하고 進知者亦無言이니라.

— 뜻을 이룬 사람은 말이 없고, 모든 것을 알고 난 사람도 말이 없다.

※참고 ─────────

進 나아갈   진

亦 또   역

◆進知(진지) : 궁극의 이치를 다 아는 것.

3. 만 물 개 출 어 기   개 입 어 기
── 萬物皆出於機하고 皆入於機하니라. ──

── 만물은 다 이미 짜여진 자연의 법칙에 의해서 태어났다가 다시 자연의 법칙을 따라 돌아가는 것이다. 즉, 만물은 모두가 무(無)에서 나왔다가 기운이 다하게 되면 다시 무로 돌아간다는 말이다.

※참고 ─────────

物 만물   물

◆機(기) : 틀, 자연의 법칙. 즉, 무를 말한다.

4. 주 위 복 로   고 즉 고 의   야 위 인 군
── 晝爲僕虜하여 苦則苦矣나 夜爲人君하여 ──
기 락 무 비
其樂無比니라.

―낮에는 종이 되어 고생에 고생을 하지만 밤에는 임금이 되어 그 즐거움은 비길 데가 없다. 즉, 밤에는 꿈속에서 임금이 되어 한없이 즐거웠다고 한다.

※참고 ────────

晝	낮	주
苦	쓸	고
君	임금	군
比	견줄	비

◆僕虜(복로) : 붙잡아가 부리는 종.

5. _{취 금 지 시 불 견 인 도 견 금}
┌─────────────────────────────┐
取金之時엔 不見人하고 徒見金이니라.
└─────────────────────────────┘

―금을 훔칠 때는 사람은 보이지 않고 한갓 금만 보인다. 즉, 사람이 어떤 일에 너무 집착하면 그것만 보이지 다른 것은 보이지 않는다는 비유이다.

※참고 ────────

| 取 | 취할 | 취 |
| 徒 | 한갓, 다만 | 도 = 但(단) |

6.

_{행 현 이 거 자 현 지 행}　　_{안 왕 이 불 애 재}

行賢而去自賢之行이면 安往而不愛哉아.

― 행실이 어질면서도 스스로 어진 척하는 생각이 없으면 어디에 간들 사랑받지 않겠는가?

※참고 ─────────

賢 어질　　　　현

往 갈　　　　　왕

◆ **自賢**(자현) : 스스로 훌륭한 척 뽐내는 것.

莊子(장자)

1.

거 필 택 향　　유 필 취 사
居必擇鄉하고 遊必就士니라.

— 살 고장은 반드시 가려야 하고 놀 때는 반드시 선비를 따라야 한다. 즉, 사람은 환경과 교우 관계에 따라서 인간성이 크게 달라질 수 있기 때문이다.

※참고

擇	고를	택
遊	놀	유
就	따를	취

2.

견 란 이 구 시 야
見卵而求時夜하니라.

— 달걀을 보고 새벽 알리기를 바란다. 즉, 함부로 설치고 서둔다고 해서 되는 것은 아니니 매사를 성급하게 생각해서는 안 된다는 말이다.

※참고 ──────

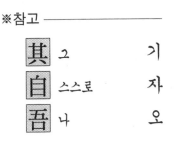

卵	알	란
求	구할	구
時	때	시

◆時夜(시야) : 닭이 새벽에 우는 것.

3.
기 미 자 자 미   오 부 지 기 미 야

其美者自美하니 吾不知其美也니라.

― 그 미인은 스스로 아름답다고 하기 때문에 나는 그 아름다움을 모르겠다.

※참고 ──────

其	그	기
自	스스로	자
吾	나	오

4.
대 지 한 한   소 지 간 간

大知閑閑이나 小知閒閒이니라.

─큰 지혜는 여유 만만하지만 작은 지혜는 답답하다. 즉, 큰 일뿐 아니라 작은 일을 할 때도 마음에 여유를 가지라는 뜻 이다.

※참고 ─────

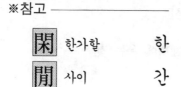

閑 한가할　　한

閒 사이　　　간

◆ **大知**(대지) : 큰 지혜.
◆ **閑閑**(한한) : 너그럽고 한가하다.
◆ **閒閒**(간간) : 좀스러운 모양.

5. 복 막 장 어 무 화
┌─ **福莫長於無禍**니라. ─────────

─행복이란 화가 없는 것을 으뜸으로 한다. 즉, 아무 일없이 마음 편히 사는 것이 가장 복된다.

※참고 ─────

福 복　　　복

無 없을　　무

禍 재화　　화

6.

부 적 규 보   무 이 지 천 리

不積蹞步면 無以至千里리라.

— 반걸음이라도 쌓지 않으면 천리 길을 갈 수가 없다. 즉, 무슨 일이든 성공을 하려면 작은 일부터 하나씩 쌓아 나가지 않으면 불가능하다.

※참고

積 쌓을   적

步 걸음   보

◆蹞步(규보) : 반걸음.

7.

불 문 불 약 문 지   문 지 불 약 견 지

不聞不若聞之요 聞之不若見之니라.

— 듣지 않는 것은 듣는 것만 못하고, 듣는 것은 보는 것만 못하다. 즉, 배운다는 것은 그 이론을 바탕으로 하여 실천하는 데서 완성된다는 말이다.

※참고

若 같을   약

◆不若(불약) : ~것만 못하다. 不如(불여)

8.

비 아 이 당 자   오 사 야

┌─ 非我而當者는 吾師也니라. ──────┐

―나를 그르다고 하면서 상대하는 이는 나의 스승이다. 즉,
내 앞에서 아첨하는 자는 모두가 나의 적이다.

※참고 ──────────

我	나	아
當	마땅할	당
師	스승	사

9.

수 지 적 야 불 후   즉 부 대 주 야 무 력

┌─ 水之積也不厚면 則負大舟也無力이니라. ──┐

―물 괸 곳이 깊지 않으면 큰 배를 띄울 만한 힘이 없다. 즉,
사람도 학문과 수양을 충분히 쌓지 않으면 큰 일을 할 수가
없다.

※참고 ──────────

積	쌓을	적
力	힘	력

10.

오 생 야 유 애   이 지 야 무 애

吾生也有涯나 而知也無涯니라.

— 우리의 삶에는 한정이 있지만 앎에는 한정이 없다. 즉, 아무리 값진 학문도 양생(養生)을 옳게 하면서 하라는 말이다.

※참고

涯 물가   애

◆知也無涯(지야무애) : 지식의 대상이 되는 것은 수없이 많다는 뜻.

11.

원 청 즉 류 청   원 탁 즉 류 탁

原淸則流淸이요 原濁則流濁이니라.

— 근원이 맑으면 흐름이 맑고, 근원이 흐리면 흐름도 흐리다. 즉, 위가 흐리면 아래는 저절로 부정을 저지르게 된다는 비유이다.

※참고

原 근원   원

淸 맑을   청

濁 흐릴   탁

12.
유 쟁 기 자 물 여 변 야
有爭氣者는 勿與辯也하라.

―다투기를 잘하는 사람과는 변론을 하지 말라.

※참고 ―――――――――

爭 다툴   쟁

辯 말 잘할   변

◆爭氣(쟁기) : 다투려는 기질.

◆辯(변) : 말을 잘한다.

13.
조 삼 이 모 사   중 저 개 노
朝三而暮四에 衆狙皆怒하니라.

―아침에는 세 개, 저녁에는 네 개씩 주겠다고 했더니 뭇 원숭이들이 화를 내었다. 즉, 명분과 실상이 다름이 없는데도 원숭이들은 눈앞의 많고 적음만 생각하고 기쁨과 성냄을 나타냈다. 인간의 어리석음도 이와 비슷한 일이 많다.

※참고 ―――――――――

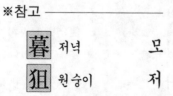

暮 저녁   모

狙 원숭이   저

14.

지 명 자   불 원 천
知命者는 不怨天이니라.

─천명을 아는 사람은 하늘을 원망하지 않는다. 즉, 사람은 역경에 처했을 때 먼저 자신을 반성해야지 남을 탓하거나 하늘을 원망해서는 안 된다는 말이다.

※참고 ──────

知 알   지

命 목숨   명

怨 원망할   원

15.

지 인 무 기   신 인 무 공   성 인 무 명
至人無己요 神人無功이요 聖人無名이니라.

─지인에게는 자기가 없고, 신인에게는 공적이 없고, 성인에게는 명예가 없다.

※참고 ──────

聖 성인   성

◆ **至人**(지인) : 덕을 충분히 쌓은 사람.

◆神人(신인) : 신묘한 능력이 있는 사람.
◆聖人(성인) : 이상적인 인격을 갖춘 사람.

16.

천 연 심 이 어 별 귀 지
川淵深而魚鼈歸之하고

산 림 무 이 금 귀 지
山林茂而禽歸之니라.

―물이 깊어야 고기들이 모여들고 산림이 무성해야 짐승들이 모여든다. 즉, 예의가 갖추어지고 학문이 숭상되면 군자가 저절로 찾아든다.

※참고

淵	연못	연
深	깊을	심
茂	무성할	무

◆魚鼈(어별) : 물고기와 자라.
◆歸之(귀지) : 모여들다.

中庸(중용)

1.
고　군자　존덕성이도문학
故로 君子는 尊德性而道問學이니

치광대이진정미　　극고명이도중용
致廣大而盡精微하여 極高明而道中庸하며

온고이지신　　돈후이숭례
溫故而知新하며 敦厚以崇禮니라.

—그러므로 군자는 덕성을 소중하게 여기고 묻고 배우는 길을 걷게 되나니, 넓고 큰 것에 이르러 깊고 작은 것까지 다하고, 높고 밝은 것에 가 이르되 중용의 길을 걸으며, 옛것을 익히고 새로운 것을 알며, 마음을 참되고 두터이 하여 예의를 소중하게 여긴다.

※참고 ─────────

道	나아갈	도
溫	익힐	온
敦	독실할	돈
崇	높이 받들	숭

2.

박학지　심문지　신사지
博學之하며 審問之하며 愼思之하며

명변지　독행지
明辨之하며 篤行之니라.

―널리 배우고, 자세히 묻고, 조심히 생각하고, 밝게 밝혀내
고, 참되게 행해야 한다.

※참고

博	넓을	박
審	헤아릴	심
愼	삼갈	신
辨	분별할	변
篤	참될	독

3.

박후　배지　고명　배천　유구
博厚는 配地하고 高明은 配天하고 悠久는

무강
無疆이니라.

―넓고 두꺼운 것은 땅을 짝하게 되고, 높고 밝은 것은 하늘
을 짝하게 되며, 오래고 오랜 것은 끝이 없다.

※참고 ─────────

博	넓을	박
厚	두터울	후
配	짝짓게 할	배
疆	끝 경계	강

4.

불식즉구　　구즉징　　　징즉유원
不息則久하고 久則徵하고 徵則悠遠하고

유원즉박후　　박후즉고명
悠遠則博厚하고 博厚則高明이니라.

― 쉬지 않으면 오래가고, 오래가면 드러나고, 드러나면 영원
해지고, 영원해지면 넓고 두꺼워지고, 넓고 두꺼워지면 높고
밝아지게 된다.

※참고 ─────────

息	숨쉴	식
久	오랜	구
徵	드러날	징
悠	멀	유

5.

誠者는 物之終始니 不誠이면 無物이니
是故로 君子는 誠之爲貴니라.

— 참이란 것은 모든 것의 끝과 처음이다. 참되지 않으면 아무것도 없다. 이런 까닭에 군자는 참으로써 귀한 것을 삼는다.

※참고

誠	성의	성
終	끝	종
是	이	시
貴	귀할	귀

6.

誠者는 非自成己而已也라. 所以成物也니
成己는 仁也오 成物은 知也니 性之德也라
合外内之道也니 故로 時措之宜也니라.

—참이란 것은 스스로 자신을 이루는 것만으로 그만두는 것이 아니라 세상 모든 것을 이루는 것이다. 나 자신을 이루는 것은 어짊이요, 모든 것을 이루는 것은 앎이니, 성품이 지닌 덕이라 밖에 안의 길을 합친 것이니 그러므로 때에 맞추어 마땅하게 되는 것이다.

※참고 ─────────

非	아닐	비
成	이룰	성
己	몸	기
已	이미	이
德	큰	덕
措	행할	조
宜	마땅	의

7.

성자   자성야   이도   자도야

誠者는 **自成也**오 **而道**는 **自道也**니라.

—참이란 것은 스스로 이루는 것이고 길은 스스로 걸어가는 것이다. 즉, 길이라고 하는 것은 내가 스스로 걸어가고 있는 것으로 밖에 따로 있는 것이 아니다.

※참고 ————

誠	참	성
白	스스로	자
成	이룰	성
道	길	도

8.
시 고　　거 상 불 교　　위 하 불 배　　국 유 도
是故로 居上不驕하며 爲下不倍라 國有道에

기 언　족 이 흥　　국 무 도　　기 묵
其言이 足以興이오 國無道에 其默이

족 이 용　　시 왈　기 명 차 철
足以容이니 詩曰, 旣明且哲하야

이 보 기 신　　　기 사 지 위 여
以保其身이라 하니 其斯之謂與인저.

— 이런 까닭에 남의 위에 있을 때는 교만하지 않게 되고, 남의 아래가 되어서는 도리에 벗어난 일을 하지 않게 된다. 나라가 바른길을 걸어가고 있을 때는 그의 말이 넉넉히 행해질 수 있고, 나라가 바른길을 잃었을 때는 그가 조용히 말없이 있는 것으로 몸을 보전할 수 있다.

《시경》에 말하기를, '이미 밝고 또 통한지라 그것으로 그 몸을 보전한다'고 한 것은 바로 이를 두고 한 말일 것이다.

※참고 ─────────

居	살	거
驕	교만할	교
默	말을 하지 않는	묵
旣	이미	기
哲	밝을	철
保	발전할	보

9.

^{자성명} ^{위지성} ^{자명성} ^{위지교}
自誠明을 謂之性이오 自明誠을 謂之敎니

^{성즉명의} ^{명즉성의}
誠則明矣오 明則誠矣니라.

─ 참에서부터 밝아지는 것을 성품이라 말하고, 밝음에서부터 참되어지는 것을 가르침이라 말한다. 참되면 밝아지고 밝아지면 참되어지는 것이다.

※참고 ─────────

| 誠 | 참 | 성 |
| 敎 | 가르칠 | 교 |

10.

　자　왈　　우　이　호　자　용　　　　　천　이　호　자　전
―子曰, 愚而好自用하며 賤而好自專이오―

　생　호　금　지　세　　　반　고　지　도　　　여　차　자
生乎今之世하야 反古之道면 如此者는

　재　급　기　신　자　야
災及其身者也라.

― 공자는 말씀하셨다.

"어리석으면서 내 아는 대로 하기를 좋아하며, 천하면서 내 마음대로 하기를 좋아하며, 지금 세상에 살면서 옛날 길을 되돌리려 하면 이런 사람은 재앙이 그의 몸에 미치게 될 것이다.

※참고 ―――――――――

愚	어리석을	우
賤	천할	천
災	재앙	재

11.

　천　명　지　위　성　　　　솔　성　지　위　도
―天命之謂性이요 率性之謂道오―

　수　도　지　위　교
修道之謂敎니라.

— 하늘이 주신 것을 성품이라 말하고, 성품대로 따르는 것을
바른길이라 말하고, 바른길은 닦는 것을 가르침이라 말한다.

※참고 ——————

命	명령	명
性	성품	성
率	거느릴	솔
修	닦을	수

12.

천 지 지 도　　가 일 언 이 진 야　　기 위 물
天地之道는 **可一言而盡也**니 **其爲物**이

불 이　　즉 기 생 물　　불 측
不貳라 **則其生物**이 **不測**이니라.

— 하늘과 땅의 길은 한 말로 다할 수 있다. 그 물건 됨이 둘
이 아니므로 모든 것을 생겨나게 하는 것을 다 헤아려 알지
못한다. 즉, 하늘과 땅 그 자체가 오직 한 가지 더없는 참만
을 지니고 있을 뿐 두 가지를 가지고 있지 않기 때문이다.

※참고 ——————

| 盡 | 다할 | 진 |
| 貳 | 두 | 이 |

測 헤아릴 측

13.

희노애락지미발　위지중
喜怒哀樂之未發을 謂之中이오

발이개중절　위지화　중야자
發而皆中節을 謂之和니 中也者는

천하지대본야　화야자
天下之大本也오 和也者는

천하지달도야
天下之達道也니라.

—기쁨과 노여움과 슬픔과 즐거움이 아직 밖에 나오지 않는 것을 중이라 말하고, 나와서 모든 것이 절도에 맞는 것을 화라 말한다. '중'이란 것은 천하의 큰 바탕이요, '화'라는 것은 천하의 뚫린 길이다.

※참고 —————

喜 기쁠　희

怒 성낼　로

皆 다　개

達 뚫릴　달

菜根譚(채근담)

1.

각 인 지 사　　불 형 어 언　　수 인 지 모

覺人之詐라도 不形於言하고 受人之侮라도

부 동 어 색　　차 중　　유 무 궁 의 미

不動於色하면 此中에 有無窮意味하며

역 유 무 궁 수 용

亦有無窮受用이라.

─남이 나를 속이는 줄 알면서도 말로써 나타내지 않으며, 남의 모욕을 받고서도 얼굴빛을 변치 않으면, 이 속에 무궁한 뜻이 있으며 무궁한 공덕이 있다. 즉, 남에게 속임을 당하거나 모욕을 당했다 하여도 복수를 하지 않는 것이 마음 편하다.

※참고 ─

詐	속일	사
窮	다할	궁
味	맛	미
用	쓸	용

2.

건공립명자　다허원지사
建功立名者는 多虛圓之士요,

분사실기자　필집요지인
僨事失機者는 必執拗之人이라.

―공을 세우고 업을 이루는 사람은 허심 원만한 사람에 많고, 일에 패하고 기회를 잃는 사람은 고집이 센 사람이다.

※참고

僨 그르칠　　분

拗 꺾을　　요

3.

고덕　운　　　죽영소계진부동
古德이 云하되 '竹影掃階塵不動이요,

월윤천소수무흔　　　　오유　운
月輪穿沼水無痕이라' 하고, 吾儒가 云하되

수류임급경상정
'水流任急境常靜이요,

화락수빈의자한　　　　인상지차의
花落雖頻意自閑이라' 하니, 人常持此意하여

이응사접물　신심　하등자재
以應事接物하면 身心이 何等自在리오?

―옛날 고승이 이르기를, '대 그림자가 섬돌을 쓸어도 티끌이 일지 않고, 달빛이 연못을 꿰뚫어도 물에는 흔적이 없다'라고 하였고, 우리의 유가에서도 말하기를, '물 흐름이 아무리 빨라도 주위는 항상 고요하고, 꽃은 자주 지지만 마음은 스스로 한가롭다'라고 했으니, 사람이 항상 이런 뜻을 가지고 사물에 접한다면, 몸과 마음이 얼마나 자유롭겠는가? 즉, 외물에 동요하지 말고 평정한 마음으로 사람을 대하면 매우 자유로운 삶을 유지할 수 있다.

※참고 ―――――――――――――

影	그림자	영
掃	쓸	소
穿	뚫을	천
沼	늪	소
頻	자주	빈

4.
고운 출수   거류 일무소계
孤雲은 **出岫**하여 **去留**에 **一無所係**하고,
낭경 현공   정조 양불상간
朗鏡은 **懸空**하여 **靜躁**에 **兩不相干**이라.

―산골짜기에서 피어 오르는 외로운 구름은 가고 머무르는

것이 전혀 구애받음이 없고, 하늘에 걸린 밝은 달은 고요하고 시끄러움을 둘다 상관하지 않는다. 즉, 세상 일에 얽매이어 슬퍼하고 기뻐하고 성내고 즐거워하니 모두 부질없는 일이다.

※참고 ─────────

岫	산봉우리	수
留	머무를	류
係	맬	계
懸	매달	현
躁	성급할	조

5.

권귀룡양　영웅호전　이랭안시지
權貴龍驤하고 英雄虎戰하니 以冷眼視之하면

여의취전　여승경혈　시비봉기
如蟻聚羶하고 如蠅競血이라. 是非蜂起하고

득실위흥　이랭정당지
得失蝟興하니 以冷情當之하면

여야화금　여탕소설
如冶化金하고 如湯消雪이니라.

─권세와 부귀를 지닌 자들이 용처럼 날뛰고, 영웅들이 범처럼 싸우는데 이를 냉정한 눈으로 본다면 마치 개미가 비린내

를 따라 모이고, 파리가 피를 다투어 빨아먹는 것이나 다름이
없다. 시비를 따지는데 벌떼가 모이듯 하고, 이해 득실을 가
리는 것이 고슴도치 털이 뻗치는 듯하니, 이를 냉정한 마음으
로 대하고 보면 마치 풀무가 쇠를 녹이고 끓는 물이 눈을 녹
이는 것과 같다.

※참고 ───────

驤	날뛸	양
蟻	개미	의
聚	모을	취
羶	더러울	전
蝟	고슴도치	위

◆蟻聚羶(의취전) : 개미가 비린내에 모여드는 것.
◆蠅競血(승경혈) : 파리 떼가 다투어 피를 빨음.

6.
근덕 수근어지미지사 시은
謹德은 須謹於至微之事하고 施恩은
무시어불보지인
務施於不報之人하라.

─덕을 삼가려거든 모름지기 작은 일을 삼갈 것이요, 은혜를
베풀려거든 갚지 않을 사람에게 힘써 베풀도록 하라.

※참고 ─────

微	작을	미
施	베풀	시
報	갚을	보

7.

근자 민어덕의이세인
勤者는 敏於德義而世人은

차근이제기빈　검자 담어화리이세인
借勤以濟其貧하고 儉者는 淡於貨利而世人은

가검이식기인　군자지신지부
假儉以飾其吝하니 君子持身之符가

반위소인영사지구의　석재
反爲小人營私之具矣니 惜哉라.

──부지런함이란 덕의를 실행하는 데 민첩하라는 뜻이거늘, 세상 사람들은 부지런함을 빌림으로써 그 가난함을 건지고 있다. 검약함이란 재물을 모으는 데 담백해야 하는 것이거늘, 세상 사람들은 검약함을 빌림으로써 그 인색함을 꾸민다. 이렇듯 군자의 몸을 지키는 신조가 도리어 소인들의 사리를 영위하는 도구가 되었으니 애석한 일이다. 즉, 군자가 닦아야 할 계명이 도리어 소인들의 사리 사욕을 채우는 도구로 오해되고 있으니 어찌 탄식할 일이 아니겠는가.

※참고 —————

敏	민첩할	민
儉	검소할	검
淡	맑을	담
吝	인색할	린
符	증거	부
惜	아까울	석

8.
금인 전구무념 이종불가무
今人은 專求無念이나 而終不可無니,
지시전념불체 후념불영
只是前念不滯하고 後念不迎하며,
단장현재적수연 타발득거
但將現在的隨緣하여 打發得去면
자연점점입무
自然漸漸入無리라.

―지금 세상 사람들은 오로지 사념 없애기를 추구하지만 끝
내는 없앨 수가 없다. 이전에 있었던 생각을 남겨두지 않고,
앞으로 있을 생각을 받아들이지 말며, 지금 있는 대로의 인연
에 따라 처리해 나갈 수 있다면 자연히 무념의 경지로 들어

가게 될 것이다. 즉, 현재의 일만 처리해 나가면 자연 무념
무상의 경지에 들게 된다.

※참고 ──────────────

滯	남을	체
迎	맞을	영
漸	차차	점

9.

　기 즉 부　　　포 즉 양　　　욱 즉 추
饑則付하고 飽則颺하며 燠則趨하고
　한 즉 기　　인 정 통 환 야
寒則棄는 人情通患也라.

―굶주리면 붙고 배부르면 훌쩍 떠나며 따뜻하면 모여들고
추우면 버리니, 이것이 인간의 공통된 병폐로다.

※참고 ──────────────

饑	굶주릴	기
飽	배부를	포
颺	나아갈	양
燠	따뜻할	욱

趨 나아갈 추

棄 버릴 기

10.
다 장 자　후 망　　고
多藏者는 厚亡이라. 故로

지 부 불 여 빈 지 무 려　　고 보 자　질 전
知富不如貧之無慮요, 高步者는 疾顚이라.

고　　지 귀 불 여 천 지 상 안
故로 知貴不如賤之常安이라.

— 많이 가진 사람은 많이 잃는다. 그러므로 부유함이 가난하
나 근심 없는 자만 못함을 알겠다. 높이 걷는 자는 속히 넘어
진다. 그러므로 귀한 사람이 천한 사람의 항상 편안함만 못하
다는 것을 알 수 있다.

※참고 —————

慮 생각 려

疾 병 질

顚 넘어질 전

賤 천할 천

◆疾顚(질전) : 빨리 넘어짐.

11.
당 설 야 월 천　심 경　변 이 징 철
當雪夜月天하면 心境이 便爾澄徹하고,

우 춘 풍 화 기　의 계　역 자 충 융
遇春風和氣면 意界가 亦自冲融하니

조 화 인 심　혼 합 무 간
造化人心이 混合無間이라.

―눈 위에 밝은 달이 비치면 마음이 문득 맑아지며, 봄바람
화한 기운을 만나면 뜻이 또한 부드러워진다. 조화와 인심이
한데 어울려 틈이 없음인 것이다. 즉, 자연의 섭리와 인간의
마음이 한 가지임을 알 수 있다.

※참고

| 融 | 녹일, 밝을 | 융 |
| 混 | 섞일 | 혼 |

12.
당 여 인 동 과　부 당 여 인 동 공
當與人同過나 不當與人同功이니

동 공 즉 상 기　가 여 인 공 환 난
同功則相忌하고 可與人共患難이나

불 가 여 인 공 안 락　안 락 즉 상 구
不可與人共安樂이니 安樂則相仇니라.

— 마땅히 남과 함께 허물은 같이 할지언정 공은 같이 하지
말라. 공을 같이 하면 서로 시기할 것이기 때문이다. 남과 함
께 환난을 같이 할지언정 안락은 같이 하지 말라. 안락하면
서로 원수가 되어 충돌하기 때문이다. 즉, 공을 다투다 패가
망신하고 안락을 탐하다 곤경에 빠지는 일이 많으니 경계해
야 할 일이다.

※참고 ───────

忌	시기할	기
可	옳을	가
共	함께 할	공
患	걱정	환

◆相仇(상구) : 서로 원수가 됨.

13.
덕 자 사 업 지 기
── 德者는 事業之基니 ──────
미 유 기 불 고 이 동 우 견 구 자
未有基不固而棟宇堅久者니라.

— 덕은 사업의 기초가 되는 것이니, 그 기초가 단단하지 않
고서는 그 집이 오래갈 수가 없다. 즉, 덕으로 터를 굳게 다
진 사업이라야 오래가고 번창할 수 있다는 것이다.

※참고 ─────────

棟	기둥	동
宇	집	우
堅	굳을	견

14.

덕 자   재 지 주   재 자   덕 지 노

─ 德者는 才之主요 才者는 德之奴니 ─

유 재 무 덕   여 가 무 주 이 노 용 사 의

有才無德은 如家無主而奴用事矣라.

기 하 불 망 량 이 창 광

幾何不魍魎而猖狂이리요?

─덕은 재주의 주인이요, 재주는 덕의 종이다. 재주는 있어
도 덕이 없으면 집에 주인이 없고 종이 살림을 사는 것과
같으니, 어찌 도깨비가 놀아나지 않겠는가? 즉, 덕 없는 사람
이 재능만 믿고 경솔히 처세한다면 그 집은 곧 망하게 될 것
이다.

※참고 ─────────

奴	종	노
猖	미칠	창

狂 미칠 　　광

◆魍魎(망량) : 도깨비.

◆猖狂(창광) : 함부로 날뜀.

15.

도래안전사 지족자선경

都來眼前事는 知足者仙境이요,

부지족자범경 　　총출세상인

不知足者凡境이며, 總出世上因은

선용자생기 불선용자살기

善用者生機요, 不善用者殺機니라.

— 눈앞에 나타나는 모든 일은 만족한 줄 알면, 신선의 경지요, 만족을 모르면 속세에 사는 기분이며, 세상에 나타나는 모든 인연은 잘 사용하면 생기가 넘치고, 잘못 사용하면 살기를 품게 된다.

※참고 ─────

都 모두 　　도

仙 신선 　　선

凡 무릇 　　범

殺 죽일 　　살

16.

^도 ^{시 일 중 공 중 물 사} ^{당 수 인 이 접 인}
道는 是一重公衆物事니 當隨人而接引하고,

^학 ^{시 일 개 심 상 가 반} ^{당 수 사 이 경 척}
學은 是一個尋常家飯이니 當隨事而警惕하라.

―도는 일종의 공중의 것이니 마땅히 사람을 구별함이 없이 보는 대로 이끌어 행하도록 하라. 학문은 일종의 날마다 먹는 끼니이니, 일에 따라 조심하여 깨우쳐야 한다.

※참고

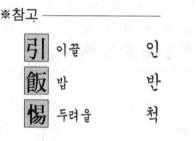

引 이끌　　인

飯 밥　　　　반

惕 두려울　　척

◆警惕(경척) : 깨우쳐 달래줌.

17.

^{독 역 효 창} ^{단 사} ^{연 송 간 지 로}
讀易曉窓에 丹砂를 研松間之露하고,

^{담 경 오 안} ^{보 경} ^{선 죽 하 지 풍}
談經午案에 寶磬을 宣竹下之風이라.

―새벽 창가에서 주역을 읽다가 솔숲의 이슬을 받아 단사를 갈아 점을 찍고, 한낮 책상 앞에서 불경을 담론하노라면 아름

다운 풍경 소리가 대숲에서 부는 바람에 울려 퍼진다.

※참고 ─────────

曉 새벽　　효
研 갈　　　연
案 책상　　안

◆丹砂(단사) : 붉은 빛을 내는 먹.
◆午案(오안) : 한낮에 책상을 대함.
◆寶磬(보경) : 절 처마 끝에 다는 풍경.

18.

등고　　사인심광　　임류
登高하면 使人心曠하고 臨流하면

사인의원　　독서어우설지야
使人意遠하며 讀書於雨雪之夜면

사인신청　　서소어구부지전
使人神淸하고 舒嘯於丘阜之巔하면

사인흥매
使人興邁라.

─높은 데 오르면 사람의 마음이 넓어지고, 흐름에 다다르면 사람의 뜻이 원대해지며, 눈비 오는 밤에 책을 읽으면 사람의 정신이 맑아지고, 언덕에 올라 휘파람 불면 사람의 흥이 높아

진다. 즉, 학문을 하고 도를 구하는 사람은 좋은 환경에 처해
야 한다.

※참고 ────────

曠	넓을	광
嘯	휘파람 불	소
阜	언덕	부
巓	산마루	전
邁	뛰어날	매

19.

┌─────────────────────────────────────┐
│ 磨礪_는 當如百鍊之金_{이니} 急就者_는
│ (마려) (당여백련지금) (급취자)
│
│ 非邃養_{이요,} 施爲_는 宜似千鈞之弩_니
│ (비수양) (시위) (의사천균지노)
│
│ 輕發者_는 無宏功_{이라.}
│ (경발자) (무굉공)
└─────────────────────────────────────┘

―수양은 마땅히 백 번 달군 쇠처럼 해야 한다. 손쉽게 이룬
것은 깊은 수양이 아니다. 실행은 마땅히 천균(千鈞)의 쇠뇌와
같이 해야 한다. 가벼이 쏘는 자는 큰 공이 아니다. 즉, 큰 인
물을 내기 위해서는 하늘이 그를 단련시키기 위해 많은 시련
을 주는 법이니 극복해야 한다.

※참고 ─────────

錬	쇠 불릴	련
邃	깊을	수
努	쇠뇌	노
宏	클	굉

◆宏功(굉공) : 큰 공.

20.
^{무사시 심이혼명}
┌─ 無事時엔 心易昏冥하니 ─────
^{의적적이조이성성   유사시}
宜寂寂而照以惺惺하고, 有事時엔
^{심이분일   의성성이주이적적}
心易奔逸하니 宜惺惺而主以寂寂이라.

—일이 없을 때는 마음이 어둡기 쉬우니, 마땅히 고요한 가운데 밝음으로써 비춰라. 일이 많을 때에는 마음이 흩어지기 쉬우니, 마땅히 밝은 가운데 고요함으로써 주장 삼으라. 즉, 일이 바빠 정신이 갈피를 잡지 못할 때는 마땅히 밝은 지혜로 비추며 항상 침착과 안정으로써 주를 삼아야 한다.

※참고 ─────────

| 昏 | 어두울 | 혼 |

冥	어두울	명
惺	깨달을	성
奔	달아날	분
逸	달아날	일

21.

반기자　촉사　개성약석　　우인자
┌─────────────────────────────┐
反己者는 觸事가 皆成藥石이요 尤人者는

동념　즉시과모　일이벽중선지로
動念이 卽是戈矛라. 一以闢衆善之路하고

일이준제악지원　　상거소양의
一以濬諸惡之源하니 相去霄壤矣라.
└─────────────────────────────┘

— 자기를 반성하는 자는 일마다 약석을 이루지만, 남을 허물 하는 자는 생각이 움직일 때마다 모두가 창과 칼이 된다. 하 나는 선행의 길을 열고 하나는 악의 근원을 여는 것이니, 두 가지 사이가 하늘과 땅 사이라 하겠다.

※참고 ─────────

尤	허물	우
戈	창	과
矛	창	모

闢 열　　　　벽

濬 깊을　　　준

霄 하늘　　　소

◆藥石(약석) : 약과 침.

◆尤人(우인) : 남을 탓함.

◆霄壤(소양) : 하늘과 땅.

22.
　복구자　비필고　　개선자　사독조
伏久者는 飛必高하고 開先者는 謝獨早하니,

　지차　가이면충등지우
知此면 可以免蹭蹬之憂하고

　가이소조급지념
可以消躁急之念이라.

― 오래 엎드렸던 새가 반드시 높이 오르고, 먼저 핀 꽃이 유독 빨리 떨어진다. 이러함을 알면 헛디딜 근심을 면할 수 있고 초조한 생각을 없앨 수 있다.

※참고

蹭 어정거릴　　　충

蹬 어정거릴　　　등

躁 움직일　　　조

◆蹭蹬(층등) : 발을 헛디뎌 실각함. 시위에서 떨어짐.

23.
┌───┐
부자자효　　　형우제공　　　종주도극처
父慈子孝하고 **兄友弟恭**하여 **縱做到極處**라도

구시합당여차　　　착부득일호감격적염두
俱是合當如此니 **著不得一毫感激的念頭**라.

여시자임덕　　　수자회은　　　변시로인
如施者任德하고 **受者懷恩**하면 **便是路人**이니

변성시도
便成市道니라.
└───┘

─어버이가 자식을 사랑하고 자식이 어버이에게 효도하며 형
이 아우를 아끼고 아우가 형을 공경하여 비록 지극한 곳에
이르렀다 할지라도 그것은 모두 당연할 일일 뿐 감격한 생각
을 두지 말 것이니, 만약 베푸는 자가 덕으로 자처하고 받는
자가 은혜라 생각한다면, 이는 곧 저 길가의 행인과 다름없는
지라 문득 장사하는 것과 다를 바가 없다.

※참고 ─────────

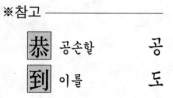

恭 공손할　　　공

到 이를　　　도

懷	품을	회
路	길	로

24.

비분지복　무고지획　비조물지조이
非分之福과 無故之獲은 非造物之釣餌면

즉인세지기정　　차처　착안불고
卽人世之機阱이라. 此處에 著眼不高하면

선불타피술중의
鮮不墮彼術中矣라.

— 분수 아닌 복과 까닭 없는 얻음은 조물주의 낚시 미끼 아니면 인간 세상의 함정이다. 만일 이곳에 착안(著眼)함이 높지 않으면, 그 꾀에 빠지지 않을 자 드물 것이다. 즉, 높은 안목으로 잘 대처하지 않으면 그들의 꾀에 빠지고 만다.

※참고 ————————

獲	얻을	획
釣	낚시	조
餌	미끼	이
阱	함정	정
鮮	드물	선

25.
사군자   빈불능제물자   우인치미처
士君子로 貧不能濟物者는 遇人痴迷處에

출일언제성지   우인급난처
出一言提醒之하고 遇人急難處에

출일언해구지   역시무량공덕
出一言解救之면 亦是無量功德이라.

―선비가 가난해서 물질로써 사람을 구해 줄 수가 없을지라도 어리석어 방황하는 자를 보거든 한 마디 말로써 이끌어 깨우쳐 주고, 또 남이 곤란한 처지에 빠져 있는 것을 보거든 한 마디 말로써 풀어 구해 준다면 이 또한 무한한 공덕이 될 것이다.

※참고

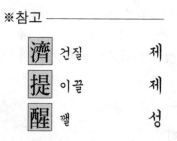

濟 건질   제
提 이끌   제
醒 깰   성

26.
사사   당사어정성지시   거신
謝事는 當謝於正盛之時하고 居身은

의거어독후지지
宜居於獨後之地라.

― 일을 사양하고 물러서려거든 모름지기 그 전성(全盛)의 시기에 할 것이요, 몸을 두려거든 마땅히 홀로 뒤떨어진 자리를 잡아라.

※참고 ────────

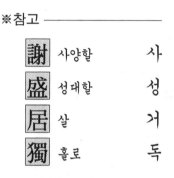

謝 사양할 사

盛 성대할 성

居 살 거

獨 홀로 독

◆獨後之地(독후지지) : 뒤떨어진 자리.

27.

_{사 유 급 지 불 백 자}　_{관 지 혹 자 명}
事有急之不白者로되 寬之或自明하니

_{무 조 급 이 속 기 분}　_{인 유 조 지 부 종 자}
毋躁急以速其忿하고, 人有操之不從者로되

_{종 지 혹 자 화}　_{무 조 절 이 익 기 완}
縱之或自化하니 毋操切以益其頑하라.

― 일이란 너무 급하게 함으로써 명백하지 않은 것도 있지만 너그럽게 하면 절로 밝아지는 수도 있으니, 조급하게 함으로써 남의 노여움을 빨리 사지 말 것이다. 사람을 부림에 잘 복종하지 않는 자 있으되 놓아두면 혹 절로 따르는 수도 있으

니, 너무 지나치게 부림으로써 그 완고함을 더하게 해서는 안
된다.

※참고 ─────────────

寬	너그러울	관
忿	성낼	분
頑	모질	완

28.

山居_{하면} 胸次淸洒_{하여} 觸物皆有佳思_{하니}

見孤雲野鶴_{하면} 而起超絶之想_{하고}

遇石澗流泉_{하면} 而動澡雪之思_{하며}

撫老檜寒梅_{하면} 而勁節挺立_{하고}

侶沙鷗麋鹿_{하면} 而機心頓忘_{이라.}

若一走入塵寰_{하면} 無論物不相關_{이나}

卽此身_이 亦屬贅旒矣_{라.}

─산중에 살면 가슴이 맑고 시원해서 부딪치는 사물마다 재미가 있다. 외로운 구름과 한가로운 학을 보고는 초연한 생각이 일며, 바위틈 흐르는 물을 만나면 티끌 생각을 씻으며, 늙은 전나무와 차가운 매화를 어루만지면 군센 기절(氣節)이 일어서고, 모래밭 갈매기와 깊은 산 사슴을 벗삼으면 마음의 번거로움을 잊는다. 만일 한 번 달려 티끌 세상에 들어가면 비록 외물과 상관하지 않더라도 이 몸이 부질없이 되고 말 것이다. 즉, 속세에 들어오면 조심을 해도 속되고 마니, 이는 환경의 탓이다.

※참고 ────────

胸	가슴	흉
澡	씻을	조
撫	어루만질	무
檜	전나무	회
勁	굳셀	경
寰	천하	환
贅	불일	췌
旒	면류관 구슬	류

◆勁節(경절) : 굳은 절개.
◆塵寰(진환) : 티끌 세상. 속세.
◆贅旒(췌류) : 무용지물.

29.

釋氏隨緣과 吾儒素位의 四字는

是渡海的浮囊이라. 蓋世路茫茫하여

一念求全하면 則萬緖紛起하니

隨寓而安이면 則無入不得矣라.

―불교의 '수연', 유교의 '소위' 이 넉자는 바다를 건너는 구명대이다. 대개 세상 길은 망망해서 한 생각에 완전을 구한다면 만 가지 실마리가 분분히 일어난다. 그러나 인연에 따라 편하게 하면 가는 곳마다 얻지 않음이 없을 것이다. 즉, 너무 완전하기만을 구하면 잡념이 이는 법이니 경우에 따라서 안주하면 어디를 가든지 얻지 못함이 없을 것이다.

※참고 ―――――

浮	뜰	부
囊	주머니	낭
蓋	덮을	개
茫	아득할	망
緖	실마리	서

◆**素位**(소위) : 자기 본분을 지켜 행함.
◆**浮囊**(부낭) : 구명대.

30.

^{선 인} ^{미 능 급 친} ^{불 의 예 양}
善人을 **未能急親**이거든 **不宜預揚**이니

^{공 래 참 참 지 간} ^{악 인} ^{미 능 경 거}
恐來讒譖之奸이요, **惡人**을 **未能輕去**거든

^{불 의 선 발} ^{공 초 매 얼 지 화}
不宜先發이니 **恐招媒蘖之禍**니라.

— 착한 사람을 급히 친할 수 없거든 미리 칭찬하지 말라. 간사한 사람의 이간질이 올까 두렵다. 악한 사람이라도 쉽게 내칠 수 없거든 미리 발설하지 말라. 뜻하지 않은 재앙을 부를까 두렵다.

※참고

急	급할	급
讒	참소할	참
譖	참소할	참
媒	중매할	매
蘖	싹	얼

31.

┌───┐
선종   왈   아래   끽반   권래면
禪宗에 曰, 餓來면 喫飯하고 倦來眠이라 하고

시지   왈   안전경치구두어
詩旨에 曰, 眼前景致口頭語라 하다.
└───┘

―선종에 이르기를, '배가 고프면 먹고 피곤하면 잠을 잔다'
라고 하였다. 시지에 이르기를, '눈 앞에 경치요 평범한 말이
다'라 하였다.

※참고 ─────────────

餓	배고플	아
喫	먹을	끽
飯	밥	반

32.

┌───┐
성천   징철   즉아식갈음
性天이 澄徹하면 卽餓食渴飮이라도

무비강제신심   심지   침미
無非康濟身心이요, 心地가 沈迷하면

종담선연게   총시파롱정혼
縱談禪演偈라도 總是播弄精魂이라.
└───┘

―천성이 밝으면 굶주리고 목마르는 생활이라도 모두 심신을

건강하게 하지 못할 것이 없고, 마음이 물욕에 빠져 혼미해지면 비록 선을 말하고 게를 풀이할지라도 모두 정신의 희롱일 뿐이다. 즉, 물욕에 어두워진 사람은 비록 염불을 외면서 도를 닦더라도 모두 정신을 어지럽게 할 뿐이다.

※참고 ─────────────

徹	꿰뚫을	철
渴	목마를	갈
迷	혼미할	미
偈	중의 글	게

◆談禪演偈(담선연게) : 선을 말하고 게를 풀이함. 게(偈)는 불타의 공덕을 찬미한 시의 일종.

◆播弄(파롱) : 희롱.

33.
수 류 이 경 무 성   득 처 훤 견 적 지 취
水流而境無聲하니 **得處喧見寂之趣**요,

산 고 이 운 불 애   오 출 유 입 무 지 기
山高而雲不碍하니 **悟出有入無之機**라.

─물은 흘러가도 소리가 없으니, 시끄러운 데 있으면서도 적막함을 보는 취미를 얻어야 하고, 산은 높아도 구름은 피하지 않으니 유에서 나와 무로 들어가는 기틀을 깨달아야 한다.

즉, 시끄러운 곳에서 고요함을 즐길 줄 알아야 한다.

※참고 ─────

碍 막을 애

悟 깨달을 오

♦ **處喧**(처훤) : 시끄러운 데 있음.
♦ **出有入無**(출유입무) : 유에서 나와 무로 들어감.

34.
┌─────────────────────────────┐
│ 수 목 　 　 지 귀 근 이 후
│ **樹木**은 **至歸根而後**에
│
│ 지 화 악 지 엽 지 도 영 　 인 사
│ **知華萼枝葉之徒榮**하고, **人事**는
│
│ 지 개 관 이 후 　 지 자 녀 옥 백 지 무 익
│ **至蓋棺而後**에 **知子女玉帛之無益**이라.
└─────────────────────────────┘

─나무는 뿌리만 남은 뒤라야 꽃과 잎이 헛되이 무성했음을 알 수 있고, 사람은 관 뚜껑을 덮은 뒤라야 자손과 재산이 쓸 데없음을 알게 된다.

※참고 ─────

根 뿌리 근

萼 꽃받침 악

| 蓋 | 뚜껑 덮을 | 개 |
| 帛 | 비단 | 백 |

35.

수 불 파 즉 자 정　　　　　감 불 예 즉 자 명　　　　　　고
水不波則自定하고 鑑不翳則自明이라. 故로

심 무 가 청　　　　　거 기 혼 지 자 이 청 자 현
心無可淸이니 去其混之者而淸自現하고

낙 불 필 심　　　　　거 기 고 지 자 이 락 자 존
樂不必尋이니 去其苦之者而樂自存이라.

─물은 물결만 일지 않으면 저절로 고요하고, 거울은 흐리지 않으면 스스로 밝다. 마음도 이와 같은지라 그 흐린 것을 버리면 맑음이 저절로 나타날 것이요, 즐거움도 굳이 찾으려 할 것 없이 그 괴로움을 버리면 즐거움이 절로 있으리라. 즉, 마음속의 고민을 없애버리면 본래의 즐거움이 돌아오는 법이다.

※참고 ─────

鑑	거울	감
翳	그늘	예
苦	괴로울	고
存	있을	존

36.
신 감　　포 피 와 중　　득 천 지 충 화 지 기
神酣하면 布被窩中에 得天地沖和之氣하고,
미 족　　여 갱 반 후　　식 인 생 담 박 지 진
味足이면 藜羹飯後에 識人生澹泊之眞이라.

―정신이 통창하면 작은 방에서 베 이불을 덮어도 천지의 바르고 화평한 기운을 얻을 수 있고, 입맛이 좋으면 명아줏국에 밥을 먹어도 인생의 담박한 진미를 알게 된다.

※참고

酣	왕성할	감
沖	화할	충
藜	명아주	려
羹	국	갱

◆窩中(와중) : 작은 방 가운데.
◆沖和(충화) : 화평한 기운.

37.
신 여 불 계 지 주　　일 임 류 행 감 지
身如不繫之舟니 一任流行坎止하고,
심 사 기 회 지 목　　하 방 도 할 향 도
心似旣灰之木이니 何妨刀割香塗리오?

─몸은 매어놓지 않는 배처럼 제 마음대로 흘러가고 스스로 멈춤에 맡기며, 마음은 마른나무와 같이 냉철하니 칼로 쪼개거나 향을 바르거나 무슨 상관이 있겠는가? 즉, 인위적인 노력보다는 우리의 생애는 맡겨야 할 어떤 힘이 있는 것이다.

※참고 ─────────

繫	묶을	계
坎	구덩이	감
割	쪼갤	할
塗	바를	도

◆坎止(감지) : 멈춤.
◆飽灰之木(기회지목) : 마른나무.

38.

<small>신 인 자　　인 미 필 진 성　　　　기 즉 독 성 의</small>
信人者는 人未必盡誠이라도 己則獨誠矣요,

<small>의 인 자　　인 미 필 개 사　　　　기 즉 선 사 의</small>
疑人者는 人未必皆詐라도 己則先詐矣라.

─사람을 믿는다는 것은 사람이 반드시 모두 성실하지 못할지라도 저만은 홀로 성실하기 때문이요, 사람을 의심한다는 것은 사람이 반드시 모두 속이는 것이 아닐지라도 제가 먼저 속이기 때문이다. 즉, 자신의 마음이 정직하고 성실한 사람은

남을 의심하는 일이 없다.

※참고 ─────────

信 믿을   신

疑 의심   의

詐 속일   사

39.

심무기심   하유어관   석 씨 왈

心無其心이면 何有於觀이리요? 釋氏曰,

관심자   중증기장   물본일물

觀心者는 重增其障이라 物本一物이니

하대어제   장씨왈   제물자

何待於齊리요? 莊氏曰, 齊物者는

자부기동

自剖其同이라.

— 마음에 망녕된 마음이 없으면 어찌 관이 있겠는가. 석씨가 말하기를, 마음을 본다 함은 그 장애를 더함이다. 물(物)은 본래 일물(一物)이니 어찌 다시 가지런함을 기다리겠는가. 장자 (莊子)가 물을 가지런히 하라 한 것은 스스로 같은 것을 짐짓 갈라놓은 것이다. 즉, 만물은 본래 하나이니 가지런하게 할 필요가 없다. 그러니 장자가 말한 '사물을 가지런히 한다'는 말은 하나인 것을 스스로 나누는 것이 된다.

※참고 ————————

觀	볼	관
增	더할	증
障	막힐	장
莊	씩씩할	장
剖	쪼갤	부

40.

심 자 후 예 지 근
心者는 後裔之根이니

미 유 근 불 식 이 지 엽 영 무 자
未有根不植而枝葉榮茂者니라.

— 마음은 자손의 뿌리이다. 뿌리를 심지 않고 가지와 잎이
무성할 까닭이 없다.

※참고 ————————

裔	후손	예
植	심을	식
枝	가지	지
茂	무성할	무

41.

심지상　무풍도　　수재　개청산록수
心地上에 無風濤면 隨在에 皆青山綠水요,

성천중　유화육　　촉처　견어약연비
性天中에 有花育이면 觸處에 見魚躍鳶飛라.

― 마음에 풍파가 일지 않으면 가는 곳마다 청산 녹수요, 천
성 가운데 만물을 기르는 기운이 있으면 닿는 곳마다 물고기
가 뛰놀고 솔개가 날아오르는 자연스런 모습을 보게 될 것
이다.

※참고 ────────

濤	파도	도
躍	뛸	약
鳶	솔개	연

42.

심허즉성현　　　　불식심이구견성
心虛則性現하나니 不息心而求見性은

여발파멱월　　의정즉심청
如撥波覓月이요, 意淨則心清하나니

불료의이구명심　　여색경증진
不了意而求明心은 如索鏡增塵이라.

― 마음이 비면 본성이 나타나니 마음을 쉬지 않고 본성 보기를 구하는 것은 물결을 헤치면서 달을 찾는 것과 같다. 마음이 깨끗하면 마음이 맑아진다. 뜻을 밝게 하지 않고 마음 밝기를 구하는 것은 거울을 찾기 위해 티끌만 더하는 것과 같다. 즉, 뜻을 맑게 하지 않고 마음을 밝히려 한다면 이것은 마치 먼지를 일으키면서 거울이 맑기를 바라는 것과 같아 도저히 이룰 수 없는 무모한 행위인 것이다.

※참고 ―――――――

虛	빌	허
撥	헤칠	발
覓	찾을	멱
索	찾을	색

43.

惡忌陰하고 善忌陽이라. 故로 惡之顯者는

禍淺而隱者는 禍深하며 善之顯者는

功小而隱者는 功大니라.

악 기 음　　선 기 양　　고　　악 지 현 자

화 천 이 은 자　　화 심　　선 지 현 자

공 소 이 은 자　　공 대

― 악한 일일수록 그늘에 숨어 있기를 싫어하고, 선한 일일수

록 표면에 나타나기를 싫어한다. 그러므로 악이 나타난 자는
재앙이 얕지만 숨어 있는 자는 재앙이 깊고, 선이 나타난 자
는 공이 적지만 숨어 있는 자는 공이 크다. 즉, 스스로가 범
한 과실은 청천 백일하에 명명백백히 드러내고 공로는 속으
로 감추라는 뜻이다.

※참고 ——————————

忌	꺼릴	기
陰	그늘	음
禍	재앙	화
淺	얕을	천
隱	숨을	은

44.

어 득 수 서　　　　이 상 망 호 수　　　　조 승 풍 비
魚得水棲로되 而相忘乎水하고 鳥乘風飛로되

이 부 지 유 풍　　　식 차　　가 이 초 물 루
而不知有風하니, 識此면 可以超物累하고

가 이 낙 천 기
可以樂天機라.

— 물고기는 물 속에서 헤엄을 치지만 물이 있음을 잊고, 새
는 바람을 타고 날지만 바람이 있음을 모른다. 이러한 사실을

안다면 물질의 속박을 벗어나 하늘의 작용을 즐길 수 있을 것이다. 즉, 하늘이 우리에게 준 즐거운 생을 누릴 수 있을 것이다.

※참고 ─────

棲	살	서
乘	탈	승
超	뛰어넘을	초
累	여러	루

45.

어망지설 홍즉이기중 당랑지탐
魚網之設에 鴻則罹其中하고 螳螂之貪에

작우승기후 기리장기 변외생변
雀又乘其後하여 機裡藏機하고 變外生變하니

지교 하족시재
智巧를 何足恃哉리오?

─고기 그물을 쳐 두면 기러기가 거기에 걸리고, 사마귀가 먹이를 탐하면 참새가 그 뒤를 엿보나니, 기틀 속에 기틀이 감춰 있고 이변 밖에 다시 이변이 있는지라, 사람의 지혜와 기교를 족히 믿을 수가 있으랴. 즉, 사람의 얄팍한 슬기 정도 야 어찌 믿을 수 있으며 또 뽐낼 수 있겠는가.

※참고 ────────────

網 그물　　　　망

鴻 기러기　　　홍

罹 걸릴　　　　리

恃 믿을　　　　시

◆螳螂(당랑) : 사마귀.

46. 念頭寬厚的은 如春風煦育하여 萬物이
遭之而生하고, 念頭忌刻的은
如朔雪陰凝하여 萬物이 遭之而死니라.

— 생각이 너그럽고 두터운 사람은 봄바람이 만물을 따뜻하게
기르는 것과 같으니, 모든 것이 이를 만나면 살아난다. 생각
이 모질고 각박한 사람은 찬바람 차가운 눈이 얼게 하는 것
과 같아 만물이 이를 만나면 곧 죽게 된다.

※참고 ────────────

煦 따뜻할　　　후

忌	꺼릴		기
朔	북방		삭
陰	그늘		음
凝	엉길		응

47.

염량지태　부귀　갱심어빈천

炎涼之態는 富貴가 更甚於貧賤하고,

투기지심　골육　우한어외인

妬忌之心은 骨肉이 尤狠於外人이니

차처　약부당이랭장　어이평기

此處에 若不當以冷腸하며 御以平氣면

선불일좌번뇌장중의

鮮不日坐煩惱障中矣라.

—염량의 변덕은 부귀한 사람이 빈천한 사람보다 더 심하며, 질투하고 시기하는 마음은 육친이 남보다 더 강하다. 이런 가운데 만약 냉철한 마음으로써 대하지 않고, 담담한 기분으로써 조절하지 않는다면, 날로 괴로운 마음속에 있지 않는 때가 드물 것이다.

※참고 ——————

炎	더울	염

甚	심할	심
狠	사나울	한
障	막힐	장

◆炎涼之態(염량지태) : 세력이 있을 때에는 붙좇고, 세력이 없어지면 발길을 끊는 세태.

48.

欲其中者는 波沸寒潭하여 山林도
(욕 기 중 자 / 파 비 한 담 / 산 림)

不見其寂하고, 虛其中者는 涼生酷暑하여
(불 견 기 적 / 허 기 중 자 / 양 생 혹 서)

朝市에 不知其喧이라.
(조 시 / 부 지 기 훤)

─탐욕이 가득 차 있는 사람은 차가운 연못에 물결이 끓어오르듯 하여 산림 속에서도 그 정적을 느끼지 못하고, 마음이 비어 있는 사람은 무더위 속에서 서늘한 기운이 생기는 듯하여, 시끄러운 시장 가운데서도 시끄러움을 모른다.

※참고 ─────

| 沸 | 끓을 | 비 |
| 酷 | 혹독할 | 혹 |

暑 더위 　　서

◆寒潭(한담) : 차가운 연못.

◆涼生酷暑(양생혹서) : 혹심한 더위에도 서늘한 맛이 생김.

49.

우 고 구 지 교　　　　의 기 요 유 신
遇故舊之交어든 意氣要愈新하고

처 은 미 지 사　　　심 적 의 유 현
處隱微之事어든 心迹宜愈顯하며

대 쇠 후 지 인　　　은 례 당 유 륭
待衰朽之人이어든 恩禮當愈隆하라.

— 옛 친구를 만나거든 마땅히 의기를 새롭게 하라. 비밀한 일에 처하거든 마음을 더욱 나타나게 하라. 노쇠한 사람을 대함에는 마땅히 은례를 더욱 융숭히 하라.

※참고 ─────

愈 더욱 　　유

隱 숨을 　　은

迹 자취 　　적

顯 나타날 　　현

50.

우병이후　　사강지위보　　　처란이후
遇病而後에 思强之爲寶하고 處亂而後에

사평지위복　비조지야
思平之爲福은 非蚤智也라.

행복이선지기위화지본
倖福而先知其爲禍之本하고

탐생이선지기위사지인　　기탁견호
貪生而先知其爲死之因은 其卓見乎인저.

─병든 후에야 건강이 보배인 줄을 알며, 난세에 처하고야 태평 시절이 복인 줄 아는 것은 일찍 앎이 아니다. 복을 바라는 것이 재앙을 부르는 근본인 것을 알고 생명을 탐내는 것이 죽음의 원인임을 아는 것은 탁견(卓見)이라 할 수 있다. 즉, 탁월한 식견을 가진 사람이 아니면 복은 화의 근본이 되고, 생을 탐내는 것은 죽음의 원인이 되는 것임을 알지 못한다.

※참고 ─────

蚤	일찍	조 = 무(조)
智	지혜	지
倖	요행	행

◆倖福(행복) : 복이 오기를 바람.
◆卓見(탁견) : 탁월한 식견.

51.

우여　관산색　　경상　변각신연
雨餘에 觀山色하면 景象이 便覺新妍하고,

야정　청종성　　음향　우위청월
夜靜에 聽鐘聲하면 音響이 尤爲淸越이라.

─비 갠 뒤에 산을 바라보면 경치가 문득 새로움을 깨닫게
되며, 밤 고요한 때 종소리를 들으면 그 울림이 한결 맑고 높
다. 즉, 갈등을 이기고 평정을 찾으면 우리의 마음도 이와 같
게 될 것이다.

※참고

餘	남을	여
妍	고울	연
響	소리	향
越	넘을	월

52.

위서상류반　　연아부점등
'爲鼠常留飯하고 憐蛾不點燈이라' 하니

고인차등염두　시오인일점생생지기
古人此等念頭는 是吾人一點生生之機라.

무차　변소위토목형해이이
無此면 便所謂土木形骸而已니라.

― '쥐를 위하여 항상 밥을 남겨두고 부나비를 불쌍타 하여 불을 켜지 않는다' 하였으니 옛 사람의 이러한 생각은 곧 우리 인생이 발전하는 한 점의 기틀이다. 이것이 없다면 인생은 이른바 토목의 거죽탈밖에 더 되겠는가. 즉, 자비심이 바로 인류가 발전하는 근본이라 할 수 있을 것이다.

※참고 ────────

鼠	쥐	서
點	켤	점
謂	이를	위
骸	뼈	해

53.

유 연　　필 유 추　　위 지 대　　아 불 과 연
有妍이면 必有醜하여 爲之對니 我不誇妍이면

수 능 추 아　　유 결　　필 유 오
誰能醜我리오? 有潔이면 必有汚하여

위 지 구　　아 불 호 결　　수 능 오 아
爲之仇니 我不好潔이면 誰能汚我리오?

― 고움이 있으면 반드시 추함이 있어서 서로 대가 된다. 내가 고움을 자랑하지 않으면 누가 능히 나를 추하다 하겠는가? 깨끗함이 있으면 반드시 더러움이 있어서 서로 적대가

된다. 내가 깨끗함을 좋아하지 않으면 누가 능히 나를 더럽다 하겠는가? 즉, 깨끗함을 뽐내지 않는다면 누가 그 사람을 더럽히려 하겠는가?

※참고 ─────

妍	고울	연
醜	추할	추
誇	자랑할	과
仇	원수	구

54.

有一樂境界하면 就有一不樂的相對待하고
有一好光景하면 就有一不好的相乘除하니,
只是尋常家飯과 素位風光이라야
纔是個安樂的窩巢니라.

—즐거운 경지가 있으면 즐겁지 못한 경지가 있어 서로 대립되고, 좋은 경치가 있으면 좋지 못한 경치가 있어 서로 비기게 된다. 다만 늘 먹는 밥과 벼슬 없는 생활이 비로소 안락한

거처가 되는 것이다. 즉, 너무 기쁜 일도 너무 슬픈 일도 생기지 말고 평범한 생활이 계속되는 것이 좋다는 이야기이다.

※참고 ──────────

乘	곱할	승
素	힐	소
窩	굴	와
巢	둥지	소

◆素位(소위) : 벼슬이 없는 신분.
◆窩巢(와소) : 거처. 생활하는 집.

55.
_{은 일 임 중} _{무 영 욕} _{도 의 노 상}
──隱逸林中엔 無營辱이요, 道義路上엔──
_{무 염 량}
無炎凉이라.

— 은거하는 숲 속에는 명예나 굴욕이 없고, 도의의 길에는 인정의 변화가 없다. 즉, 숨어 사는 선비에게는 영광과 욕됨이 없고, 도의를 지키며 사는데 권세와 권력이 있을 수 없다.

※참고 ──────────

| 隱 | 숨을 | 은 |

營	경영할	영
辱	욕될	욕
炎	불꽃	염
凉	서늘할	량

◆隱逸(은일) : 은둔하여 숨어 살다.

◆炎凉(염량) : 더위와 추위.

56.

<u>음분지부　　교이위니　　열중지인</u>
淫奔之婦가 矯而爲尼하고 熱中之人도

<u>격이립도　　청정지문</u>
激而入道하니 淸淨之門이

<u>상위음사연수야여차</u>
常爲淫邪淵藪也如此라.

―음란한 부인이 도리어 여승이 되고, 사물에 열중하는 사람
도 격하여 중이 되는 수도 있다. 맑고 깨끗해야 할 문이 항상
음사(淫邪)의 소굴 됨이 이와 같다. 즉, 깨끗해야 할 불문이
도리어 이런 사람들의 소굴이 되니 안타깝다.

※참고 ―――――

| 淫 | 음란할 | 음 |

婦	며느리	부
矯	바로잡을	교
尼	여승	니
藪	덤불	수

◆淸淨之門(청정지문) : 부처님의 세계. 불문.

◆淵藪(연수) : 물고기가 모이는 연못과 짐승들이 모이
는 숲.

57.
응립여수   호행사병
鷹立如睡하고 虎行似病하니

정시타확인서지수단처   고   군자
正是他攫人噬之手段處라. 故로 君子는

요총명불로   재화불령
要聰明不露하고 才華不逞하니

재유견홍임거적력량
纔有肩鴻任鉅的力量이라.

―매는 서 있는 것이 조는 것 같고 범의 걸음은 병든 것 같
으니, 바로 이것이 사람을 움켜잡고 사람을 무는 수단이다.
그러므로 군자는 총명을 나타내지 말며 재주가 빛남을 뚜렷
이 드러내지 말아야 한다. 이것이 큰 일을 두 어깨에 멜 역량
(力量)이 된다. 즉, 사람은 총명을 드러내지 않으며 재주를 자

랑하지 말아야 한다.

※참고 ─────────

鷹	매	응
睡	잠잘	수
嚙	씹을	서
鉅	클	거

58.

의 소 우 회　　　　변 성 가 경　　　　물 출 천 연

意所偶會하면 便成佳境하고 物出天然이면

재 견 진 기　　　　약 가 일 분 조 정 포 치

纔見眞機하니, 若加一分調停布置하면

취 미 변 감 의　　　　백 씨 운　　　　의 수 무 사 적

趣味便減矣라. 白氏云하되 '意隨無事適이요

풍 축 자 연 청　　　　유 미 재　　　기 언 지 야

風逐自然淸이라' 하니, 有味哉라 其言之也여.

─ 우연히 뜻에 맞으면 아름다운 경지가 이루어지고, 천연에서 나온 물건이라야 비로소 참된 기틀을 볼 수 있으니, 만일 조금이라도 인위적인 조정과 배치를 가한다면 취미는 감소된다. 백낙천이 말하기를, '마음은 한 일이 없음에 따라서 쾌적해지고, 바람은 자연스러워야 맑다'라고 하였으니 참으로 멋

있는 말이다. 즉, 한 일이 없으면 마음이 한가해지고 저절로
부는 바람이 선풍기보다 더 시원하다고 한 것이다.

※참고 ────────

偶	짝	우
停	머무를	정
減	덜	감
適	나아갈	적

◆白氏(백씨) : 당나라 문인. 白居易(백거이)

59. 人生福境禍區는 皆念想造成이라. 故로
釋氏云하되 '利慾熾然하면 卽是火坑이요
貪愛沈溺하면 便爲苦海나, 一念淸淨하면
烈焰成池하고 一念警覺하면 船登彼岸이라' 하니
念頭稍異면 堺界頓殊라 可不愼哉아?

──사람의 복과 재앙은 다 마음으로써 이루어진다. 그래서 석

씨가 말하기를, '이욕이 불타면 이 곧 불구덩이요, 탐애에 빠지면 문득 고해이다. 한 생각 맑으면 사나운 불꽃도 못이 되고, 한 마음 깨달으면 배가 저 언덕에 오른다' 하였으니, 생각 머리가 다르면 그 경계가 아주 다른지라 가히 삼가지 않을까 보냐. 즉, 깨끗한 마음을 지니면 바로 행복인 것이다.

※참고 ──────

殊 다를　　수
愼 삼갈　　신

60.

> 人生이 減省一分하면 便超脫一分하니
> 如交遊減하면 便免紛擾하고 言語減하면
> 便寡愆尤하며 思慮減하면 則精神不耗하고
> 聰明減하면 則混沌可完이라. 彼不求日減하고
> 而求日增者는 眞桎梏此生哉로다.

──사람이 무슨 일이든지 일 분(一分)을 감하고 줄이면 일 분을 초탈하게 된다. 만약 사귀어 노는 일을 감하면 문득 시끄

러움을 면하고, 말을 감하면 과실이 적으며, 생각을 감하면 정신을 소모하지 않고, 총명함을 감하면 혼돈(混沌)이 가히 완전하리니, 더 날로 감함을 구하지 않고 날로 보탬을 찾는 자는 참으로 한평생을 스스로 구속하는 것이다. 즉, 무슨 일이거나 조금씩 줄이는 것이 미덕이다. 반대로 날로 늘여 나가면 생에 차꼬를 채우는 것이다.

※참고 ──────────

愆	허물	건
桎	차꼬	질
梏	수갑	곡

◆愆尤(건우) : 허물. 과실.
◆桎梏(질곡) : 족쇄와 수갑.

61.

인심　유개진경　　비사비죽
┌─ 人心에 有個眞境하여 非絲非竹이라도 ─┐

이자염유　　불연불명　　　이자청분
而自恬愉하고 不煙不茗이라도 而自淸芬하니,

수념정경공　　여망형석
須念淨境空하고 慮忘形釋이라야

재득이유연기중
纔得以遊衍其中이라.

─사람의 마음에는 일종의 참된 경지가 있어 거문고와 피리
가 아니더라도 스스로 유쾌해지고, 향과 차가 아니더라도 저
절로 맑은 향기를 풍길 수 있다. 모름지기 생각을 깨끗이 하
고 심정을 공허하게 하며, 염려를 잊고 형체를 풀어버려야 비
로소 그 속에 고요할 수 있다. 즉, 언제나 마음을 깨끗하게
비우고 생각을 잊고 형체를 없애야만 된다.

※참고 ─────────

恬 편안할　　염

芬 향기　　　분

衍 넉넉할　　연

◆恬愉(염유) : 편안하고 유쾌함.
◆煙茗(연명) : 향을 사르는 연기와 차.
◆遊衍(유연) : 거닒. 소요함.

62.
인 지 과 오　　　의 서 이 재 기 즉 불 가 서
┌─ 人之過誤는 宜恕而在己則不可恕요, ─
기 지 곤 욕　　　당 인 이 재 인 즉 불 가 인
己之困辱은 當忍而在人則不可忍이라.

─남의 허물은 마땅히 용서할 것이로되 자기의 허물은 용서
해서는 안 된다. 나의 곤욕은 마땅히 참아야 하지만, 남의 곤
욕에 참아서는 안 된다. 즉, 남의 곤욕에 대해서는 모르는 체

하지 말고 구원의 손길을 뻗쳐야 할 것이다.

※참고 ─────────

誤	그릇될	오
恕	용서할	서
困	곤할	곤
忍	참을	인

◆不可忍(불가인) : 참지 말아야 한다. 그냥 보아 넘겨서
는 안 된다.

63.
인 지 단 처　　요 곡 위 미 봉
人之短處는 要曲爲彌縫이니

여 폭 이 양 지　　시　　이 단 공 단
如暴而揚之하면 是는 以短攻短이요,

인 유 완 적　　요 선 위 화 회
人有頑的이면 要善爲化誨니

여 분 이 질 지　　시　　이 완 제 완
如忿而疾之면 是는 以頑濟頑이라.

―남의 단점은 힘써 덮어줘야 한다. 만약 폭로시켜 드러내면
이것은 단점으로써 단점을 공격하는 것이 된다. 사람이 완고
함이 있거든 부드럽게 잘 타일러 줘야 한다. 만약 성을 내고

미워한다면 이것은 완고함으로써 완고함을 없애주자는 것과
같다.

※참고 ────────

彌	꿰맬	미
縫	꿰맬	봉
暴	드러낼	폭
誨	깨우칠	회
疾	미워할	질
濟	건질	제

64.

일기모이유연하현란
日旣暮而猶烟霞絢爛하고
세장만이갱등귤방형   고
歲將晚而更橙橘芳馨이라. 故로
말로만년 군자 갱의정신백배
末路晚年을 **君子**는 **更宜精神百倍**하니라.

─ 하루의 해가 이미 저물었으되 노을은 오히려 아름답고, 한
해가 장차 저물려 해도 귤 향기는 더욱 꽃답다. 그러므로 인
생의 말로인 만년은 군자가 마땅히 정신을 백배할 때이다.
즉, 군자는 노년의 미를 뽐낼 때이다.

※참고 ────────────

烟	연기	연
霞	놀	하
晩	늦을	만
芳	향기로울	방

65.

일념자상　　가이온양량간화기

一念慈祥은 可以醞釀兩間和氣요,

촌심결백　　가이소수백대청분

寸心潔白은 可以昭垂百代淸芬이라.

─ 한 생각, 자비스런 마음은 가히 써 천지간의 화한 기운을
빚을 것이며, 한 치 마음의 결백은 가히 써 맑고 향기로운 이
름을 백대까지 밝게 드리우리라.

※참고 ────────────

祥	상서로울	상
醞	빚을	온
釀	빚을	양
芬	향기	분

◆醞釀(온양) : 술 따위를 빚다.
◆淸芬(청분) : 맑은 향기.

66.

일 등 형 연　　　만 뢰 무 성
一燈螢然에 萬籟無聲은

차 오 인 초 입 연 적 시 야　　　효 몽 초 성
此吾人初入宴寂時也요, 曉夢初醒에

군 동 미 기　차 오 인 초 출 혼 돈 처 야
群動未起는 此吾人初出混沌處也라.

승 차 이 일 념 회 광　　　형 연 반 조
乘此而一念廻光하여 炯然返照하면

시 지 이 목 구 비　　개 질 곡
始知耳目口鼻는 皆桎梏이요

이 정 욕 기 호　　실 기 계 의
而情欲嗜好는 悉機械矣니라.

―등불이 반딧불처럼 희미하매 만상이 소리가 없다. 이는 우리가 고요함 속에서 편히 쉴 때이다. 새벽 꿈을 갓 깨나매 모든 움직임이 아직 일어나지 않은 것은, 우리가 비로소 혼돈에서 벗어날 때이다. 이때를 틈타서 한 생각으로 빛을 돌려 스스로를 비춰보면 비로소 이목구비는 모두 차꼬와 수갑이요, 정욕 기호는 모두 기계임을 알게 될 것이다. 즉, 스스로의 마음을 살펴본다면 여러 가지 유혹에 끌리기 쉬운 이목구비와

정욕 기호는 모두 사람의 본심을 속박하는 기계임을 알 것이다.

※참고 ─────────

籟	소리	뢰
曉	새벽	효
醒	깰	성
嗜	좋아할	기

◆炯然(형연) : 환하게.

◆桎梏(질곡) : 차꼬와 수갑.

67.

임 간 송 운　　석 상 천 성　　정 리 청 래
──林間松韻과 石上泉聲도 靜裡聽來면──

식 천 지 자 연 명 패　　　초 제 연 광
識天地自然鳴佩하고, 草際煙光과

수 심 운 영　　　한 중 관 거
水心雲影도 閑中觀去면

견 건 곤 최 상 문 장
見乾坤最上文章이라.

─숲 사이의 솔바람 소리와 돌 위를 흐르는 샘물 소리도 고요한 가운데 들어보면 천지 자연의 음악임을 알 수 있고, 풀

섶의 안개 빛과 물 가운데 비친 구름 그림자도 한가한 마음으로 보면, 이 세상 최상의 문장임을 알게 된다.

※참고 ─────────

韻 울림   운
佩 찰   패
影 그림자   영

◆鳴佩(명패) : 음악.
◆煙光(연광) : 안개 빛.

68.

자로시소   가이소분치각축지심
自老視少하면 可以消奔馳角逐之心이요,

자췌시영   가이절분화미려지념
自瘁視榮하면 可以絶紛華靡麗之念이라.

── 늙었을 때의 입장에서 젊었을 때를 생각하듯 하면 바삐 달리고 서로 다투는 마음을 없앨 수 있고, 영락한 처지에서 부귀 영화를 보듯 하면 사치하고 화려해지고자 하는 생각을 끊어버릴 수 있다.

※참고 ─────────

逐 쫓을   축

瘁 병들　쵀
靡 화려할　미

◆奔馳(분치) : 명예와 이익을 추구하느라 바삐 달림.
◆角逐(각축) : 서로 경쟁하여 다툼.

69.
작위　불의태성　태성즉위　능사
爵位는 不宜太盛이니 太盛則危하고 能事는

불의진필　진필즉쇠　행의
不宜盡畢이니 盡畢則衰하며, 行誼는

불의과고　과고즉방흥이훼래
不宜過高니 過高則謗興而毁來니라.

―벼슬자리는 너무 높지 않은 것이 좋다. 너무 높으면 위태하기 때문이다. 능한 일은 마땅히 힘을 다 쓰지 않는 것이 좋다. 다 쓰면 쇠퇴하기 때문이다. 행실은 너무 고상하게 하지 않는 것이 좋다. 너무 고상하면 비방과 중상이 따라오기 때문이다.

※참고

爵 벼슬　작
宜 마땅할　의
畢 마칠　필

誼 옳을　　　　의
謗 비방할　　　방
毁 헐뜯을　　　훼

70.

작인　무점진간염두　변성개화자
作人에 無點眞懇念頭면 便成個花子니

사사개허　섭세　무단원활기취
事事皆虛하고, 涉世에 無段圓活機趣면

변시개목인　처처유애
便是個木人이니 處處有碍라.

―사람됨에 한 점의 진실한 생각이 없으면, 이는 곧 한 개의
인형이니 일마다 다 헛될 것이다. 세상을 건넘에 한 조각의
원활한 맛이 없으면, 이는 곧 한 개의 장승이니 가는 곳마다
장애가 있으리라.

※참고

點 점　　　　　점
懇 정성　　　　간
虛 빌　　　　　허
涉 건널　　　　섭

碍 막힐   애

◆ **花子**(화자) : 거리.

◆ **涉世**(섭세) : 세상을 살아감.

◆ **木人**(목인) : 나무로 만든 인형. 장승.

71.

전부야수　　어이황계백주
田父野叟는 語以黃雞白酒하면

즉흔연희　　문이정식　　즉부지
則欣然喜하나 問以鼎食하면 則不知하고,

어이온포단갈　　즉유연락
語以縕袍短褐하면 則油然樂하나

문이곤복　　즉불식　　기천　　전
問以袞服하면 則不識하니 其天이 全이라.

고　기욕담　　차시인생제일개경계
故로 其欲淡이니 此是人生第一個境界라.

— 농사 짓는 시골 백성들은 닭고기와 막걸리 말을 하면 흔연
히 기뻐하지만 고급 요리는 전연 모르며, 누더기 옷이나 베
잠방이를 말하면 좋아하되 예복에 대해서는 알지 못하나니,
그 천성이 온전하기 때문에 그 욕망이 담박함이라. 이것이 진
실한 인생 제일의 경지로다. 즉, 분수 이상의 욕심을 내지 않
는다. 그렇기 때문에 천성을 온전히 지키며 참다운 삶을 누
린다.

※참고 ────────

叟	늙은이	수
欣	기뻐할	흔
鼎	솥	정
袍	도포	포
褐	굵은 베옷	갈

◆ **短褐**(단갈) : 베 잠방이.
◆ **袞服**(곤복) : 고관 대작의 예복.

72.

제일청천 숙변위신뢰진전
──霽日靑天도 倏變爲迅雷震電하고──

질풍노우 숙변위랑월청공
疾風怒雨도 倏變爲朗月晴空하니

기기하상 일호응체
氣機何常이리요? 一毫凝滯니,

태허하상 일호장색
太虛何常이리요? 一毫障塞이라,

인심지체 역당여시
人心之體도 亦當如是라.

─갠 날 푸른 하늘도 문득 변하여 우레가 울고 번개 치는 일

이 있고, 또 사나운 바람 불고 비가 치던 날씨도 갑자기 변해서 밝은 달, 맑은 하늘이 되나니, 천지의 움직임이 어찌 일정하리요? 털끝만한 응체 때문에 이러한 변화가 일어나는 것이다. 하늘의 모습 또한 이와 다를 것이 있으리요? 털끝만한 막힘으로 이러한 변화가 생겨나는 것이니, 사람의 마음 또한 이와 다를 바가 없다.

※참고 ─────────

霽	비갤	제
倏	잠깐	숙
毫	털끝	호
滯	막힐	체
塞	막힐	색

◆太虛(태허) : 하늘.

73.
조어충성　총시전심지결　화영초색
鳥語蟲聲이 總是傳心之訣이요, 花英草色이

무비견도지문　학자　요천기청철
無非見道之文이니, 學者는 要天機淸徹하여

흉차영롱　촉물　개유회심처
胸次玲瓏하면 觸物에 皆有會心處니라.

―새 울음도 벌레 소리도 이 모두가 전심(傳心)의 비결이요, 꽃잎과 풀빛은 이 모두가 도를 깨닫게 하는 문장이다. 배우는 자 마땅히 천기(天機)를 맑게 하여 가슴 속이 영롱하면 보고 듣는 것마다 회심(會心)의 웃음 있으리라. 즉, 자연의 속삭임을 듣고 자연의 이치를 터득할 수 있다.

※참고 ─────────

訣	비결	결
玲	찬란할	령
瓏	환할	롱
觸	부딪칠	촉

74.

죽 리 하　　홀 문 견 폐 계 명
―竹籬下에 忽聞犬吠鷄鳴하면―

황 사 운 중 세 계　　운 창 중
恍似雲中世界요, 芸窓中에

아 청 선 음 아 조　　방 지 정 리 건 곤
雅聽蟬吟鴉噪면 方知靜裡乾坤이라.

―대나무 울타리 아래에서 홀연히 개 짖는 소리와 울음소리를 들으면 마치 구름 속의 세계처럼 황홀해지고, 서창 안에서 매미 우는 소리와 까마귀 우는 소리를 들으면 바야흐로 고요한 천지를 알게 된다. 즉, 부귀 영화를 떠나 초야에 묻혀 살

면서 자연과 사는 것이 별천지가 아닌가!

※참고 ─────────

籬	울타리	리
忽	문득	홀
吠	짖을	폐
蟬	매미	선
鴉	까마귀	아

◆芸窓(운창) : 서재의 창.

75.
지성지필패 즉구성지심 불필태견
─**知成之必敗**면 **則求成之心**이 **不必太堅**하고,

지생지필사 즉보생지도 불필과로
知生之必死면 **則保生之道**에 **不必過勞**니라.

─이루어진 것은 반드시 무너지게 된다는 사실을 알면, 이루기를 바라는 마음이 반드시 지나치게 굳지 않을 것이고, 살아 있는 것은 언젠가 죽는다는 것을 안다면, 삶을 보전하는 길을 찾기에 반드시 지나치게 애쓰지 않을 것이다.

※참고 ─────────

| 堅 | 굳을 | 견 |

過	지날	과
勞	수고로울	로

76.

眞空은 不空이요 執相은 非眞이요 破相도
亦非眞이니, 問世尊은 如何發付오?
'在世出世하라. 徇欲은 是苦요 絶欲도
亦是苦니 聽吾儕善自修持하라.'

―참다운 공은 공이 아니요, 현상에 집착하는 것은 참이 아
니며, 현상을 깨뜨림도 참이 아니다. 문건대 세존께서는 어떻
게 말씀하셨는가? 세상에 있으면서 세속을 초월하라. 욕심을
따르는 것도 괴로움이요, 욕심을 끊는 것도 괴로움이니 우리
는 스스로 심신을 잘 수양하도록 해야 한다.

※참고 ―――

執	잡을	집
儕	무리	제
修	닦을	수

77.

茶^차不^불求^구精^정하니 而^이壺^호亦^역不^부燥^조하고 酒^주不^불求^구冽^렬하니

而^이撙^준亦^역不^불空^공하며 素^소琴^금은 無^무絃^현而^이常^상調^조하고

短^단笛^적은 無^무腔^강而^이自^자適^적하면 縱^종難^난超^초越^월羲^희皇^황이나

亦^역可^가匹^필儔^주嵇^혜阮^완이라.

― 차를 진짜로만 구하지 않는다면 차 주전자가 마르지 않을
것이며, 술도 좋은 것으로만 찾지 않는다면 술통 또한 비지
않을 것이다. 꾸밈 없는 거문고는 줄이 없어도 항상 고르고,
짧은 젓대는 구멍이 없어도 스스로 즐기면, 비록 복희씨(伏羲
氏)는 초월하기 어렵다 하더라도 가히 죽림칠현(竹林七賢)쯤은
짝지을 수 있을 것이다.

※참고 ─────────

壺	병	호
撙	누를	준
羲	황제 이름	희
儔	짝	주
嵇	성	혜

阮 _성 완

◆義皇(희황) : 중국 태고 시대의 전설적인 황제. 伏羲氏
(복희씨)

◆嵆阮(혜완) : 嵆康(혜강)과 阮籍(완적). 중국 晉(진)나
라 때 竹林七賢(죽림칠현) 중의 두 사람.

78.

^{차 신} ^{상 방 재 한 처} ^{영 욕 득 실}
此身을 常放在閑處하면 榮辱得失로

^{수 능 차 견 아} ^{차 심} ^{상 안 재 정 중}
誰能差遣我하며, 此心을 常安在靜中하면

^{시 비 이 해} ^{수 능 만 매 아}
是非利害를 誰能瞞昧俄리오?

―내 몸을 항시 한가한 곳에 두면 영욕과 득실로 누가 나를
보낼 수 있겠으며, 내 마음을 항시 고요함 속에 두면 시비와
이해로 누가 나를 속여 어둡게 할 수 있겠는가?

※참고

辱	욕보일	욕
差	다를	차
遣	보낼	견
瞞	속일	만

79.

처부귀지지　요지빈천적통양

─ 處富貴之地엔 要知貧賤的痛癢하고, ─

당소장지시　수념쇠로적신산

當小壯之時엔 須念衰老的辛酸하라.

─ 부귀한 자리에 있을 때는 마땅히 가난하고 천한 사람의 쓰라림을 알아야 하고, 혈기 왕성한 젊은 때를 당해서는 모름지기 노쇠(老衰)의 괴로움을 생각해야 한다. 즉, 젊어서 혈기가 왕성한 사람은 늙어서의 외로움과 괴로움을 생각해야 한다. 그래야만 젊은 혈기를 헛되이 쓰지 않고 자기 몸을 돌볼 것이다.

※참고 ─────────

癢 가려울　　　　양

酸 신맛　　　　　산

◆痛癢(통양) : 고통.
◆辛酸(신산) : 어려움, 괴로움.

80.

처세　불의여속동　　역불의여속이

─ 處世에 不宜與俗同하고 亦不宜與俗異하며, ─

작사　불의령인염　　역불의령인희

作事에 不宜令人厭하고 亦不宜令人喜니라.

―세상에 처해서는 마땅히 세속과 같이 하지 말 것이며, 또한 세속과 다르게 하지도 말아야 한다. 일을 함에 있어서는 마땅히 사람으로 하여금 싫어하게 말 것이며, 또한 사람으로 하여금 기쁘게 하지도 말아야 한다. 즉, 무슨 일에서든 넘치지도 않고 부족하지도 않은 중용의 길을 택해야 한다.

※참고 ―――――――

宣	마땅	의
厭	싫을	염
喜	기쁠	희

81.

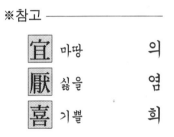

천운지한서　이피　인세지염량
天運之寒暑는 易避나 人世之炎凉은

난제　　인세지염량　이제
難除하고, 人世之炎凉은 易除나

오심지빙탄　난거　거득차중지빙탄
吾心之冰炭은 難去니, 去得此中之冰炭하면

즉만강　개화기　자수지　유춘풍의
則滿腔이 皆和氣하여 自隨地에 有春風矣라.

―천지가 운행하는 추위와 더위는 피하기가 쉬워도 인간 세상의 염량 세태는 제거하기 어렵고, 인간 세상의 염량 세태는 제거하기 쉬워도 내 마음의 얼음처럼 냉정했다가 숯처럼 열

렬해지는 변덕은 없애기 어렵다. 이 마음속의 변덕을 없애버릴 수 있다면 가슴은 온화한 기분으로 가득 차고, 가는 곳마다 저절로 봄바람이 불게 된다.

※참고 ─────────

避	피할	피
炎	불꽃	염
除	뺄	제
腔	가능	강

82.

천지중만물   인륜중만정   세계중만사
一 天地中萬物과 人倫中萬精과 世界中萬事는

이속안관   분분각이   이도안관
以俗眼觀하면 紛紛各異나 以道眼觀하면

종종시상   하번분별   하용취사
種種是常이니 何煩分別하며 何用取捨리오?

— 천지 가운데 만물과 인류 가운데의 온갖 감정, 세계 속의 수많은 일들은 속세 사람의 눈으로 보면 각양 각색으로 다르지만, 도를 통달한 사람의 눈으로 보면 갖가지가 모두 하나의 평범한 것이니, 어찌 분별하느라고 번거로울 것이며 취사 선택이 무슨 필요가 있겠는가?

※참고 ─────────

紛	어지러울	분
煩	번거로울	번
捨	버릴	사

83.
청 정 야 지 종 성　환 성 몽 중 지 몽
聽靜夜之鍾聲에 喚醒夢中之夢하고,
관 징 담 지 월 영　규 견 신 외 지 신
觀澄潭之月影에 窺見身外之身이라.

─고요한 밤의 종소리를 듣고는 꿈속의 꿈을 불러 깨우며, 맑은 못의 달 그림자를 보고는 몸 밖의 몸을 엿본다. 즉, 맑은 못에 비친 달을 바라보고 있노라면 문득 자신을 잊고 무아(無我)의 경지로 들어간다.

※참고 ─────────

喚	부를	환
潭	맑을	담
影	그림자	영
窺	엿볼	규

◆身外之身(신외지신) : 우주의 일부분인 자신.

84.

총욕 불경 한간정전화개화락
─ 寵辱에 不驚하니 閒看庭前花開花落하고, ─

거류 무의 만수천외운권운서
去留에 無意하니 漫隨天外雲卷雲舒니라.

─영화와 욕됨에 놀라지 아니하니 한가로이 뜰 앞에 피고 지는 꽃을 보고, 떠남과 머무는 데 뜻이 없으니 무심히 하늘가의 걷히고 펼쳐지는 구름을 따른다. 즉, 하늘에 뜬구름을 보면 한가로운 사람이다.

※참고 ────────

庭	뜰	정
漫	넓을	만
隨	따를	수
舒	펼	서

◆寵辱(총욕) : 총애를 받음과 욕을 당함.
◆雲卷雲舒(운권운서) : 구름이 걷히고 펼쳐짐.

85.

추염부세지화 심참역심속
─ 趨炎附勢之禍는 甚慘亦甚速하고, ─

서염수일지미 최담역최장
棲恬守逸之味는 最淡亦最長이라.

─권력을 따르고 세력에 붙는 재앙은 매우 참혹하고 또 아주 빠르며, 고요함에 살고 안일함을 지키는 맛은 가장 담박하고 또 아주 오래 계속된다.

※참고 ────────

趨	쫓을	추
慘	혹독할	참
恬	고요할	념
逸	편안할	일

◆趨炎(추염) : 권력을 붙쫓음.
◆棲恬守逸(서염수일) : 고요함에 살고 안일함을 지킴

86.

춘일　기상　번화　　영인심신태탕
春日은 氣象이 繁華하여 令人心神駘蕩이나

불약추일　　운백풍청　　　난방계복
不若秋日의 雲白風清하고 蘭芳桂馥하며

수천일색　　　상하공명
水天一色으로 上下空明하여

사인신골구청야
使人神骨俱清也라.

─봄날은 기상이 번화하여 사람의 마음을 넓고 크게 만들지

만, 가을날의 흰구름, 맑은 바람 속에 난초가 아름답고, 계수
나무가 향기로우며, 물과 하늘이 같은 색이 되고 천지에 달이
비추어 사람의 정신과 육체를 모두 맑게 함만 같지 못하다.
즉, 화려한 봄날은 마음을 즐겁고 활달하게 하지만 우리들은
사색에 잠기도록 하는 가을날만 못하다는 뜻이다.

※참고 ─────────

駘	넓을	태
蕩	클	탕
馥	향기	복
俱	함께	구

◆駘蕩(태탕) : 마음이 넓고 큼.
◆神骨(신골) : 마음과 육체.

87.
탐득자 분금 한부득옥 봉공
貪得者는 分金에 恨不得玉하고, 封公에

원불수후 권호자감걸개
怨不受候하니 權豪自甘乞丐하며,

지족자 여갱 지어고량 포포
知足者는 黎羹도 旨於膏粱하고 布袍는

난어호학 편민 불양왕공
煖於狐貉하니 編民도 不讓王公이라.

―이득을 탐내는 자는 금을 나누어 주면 옥을 얻지 못함을 한탄하고, 공작에 봉해지면 제후가 되지 못함을 원망하며, 권세와 부귀를 누리면서도 거지 노릇을 달게 여긴다. 만족할 줄 아는 자는 명아줏국도 고기와 쌀밥보다 맛있게 여기고, 베로 만든 두루마기도 털옷보다 따뜻하게 여기니, 평민이면서도 왕공을 부러워하지 않는다.

※참고 ―――――――――――

丐	거지, 빌	개
藜	명아주	려
袍	솜옷	포

◆乞丐(걸개) : 거지.
◆藜羹(여갱) : 맛 없는 음식.
◆膏粱(고량) : 맛 좋은 음식.
◆狐貉(호학) : 가죽으로 만든 좋은 옷.

88.

포 암 세 미　　　　일 임 복 우 번 운
飽諳世味하면 一任覆雨飜雲하여

총 용 개 안　　　　회 진 인 정
總慵開眼하고, 會盡人情하면

수 교 호 우 환 마　　　지 시 점 두
隨敎呼牛喚馬하여 只是點頭라.

— 세상 맛을 자세히 알고 나면, 손바닥을 뒤집음에 따라 비가 되었다 구름이 되었다 하는 세태에 몸을 맡기는 것 같아 눈을 뜨기가 싫어지고, 인정을 다 깨닫게 되면 소라고 부르든 말이라고 부르든 부르는 대로 맡겨버린 채 고개만 끄덕이게 된다. 즉, 사람의 마음을 다 알고 나면 소를 말이라고 하는 사람이 있어도 시비를 따지기 귀찮아서 그저 그렇다고 고개를 끄덕이게 된다.

※참고 ────────

飽	배부를	포
飜	날	번
慵	게으를	용
喚	부를	환

89.

풍 화 지 소 쇄　　설 월 지 공 청
風花之瀟洒와 雪月之空淸은

유 정 자 위 지 주　　수 목 지 영 고
唯靜者爲之主요, 水木之榮枯와

죽 석 지 소 장　　독 한 자 조 기 권
竹石之消長은 獨閑者操其權이라.

— 바람과 꽃의 깨끗함과 눈과 달의 밝음은 오직 고요한 자가 주인이 되며, 물과 나무의 무성하고 마름과 대와 돌의 사라지

고 자람은 홀로 한가로운 자가 그 소유권을 가진다. 즉, 한가한 사람만이 그 변화를 즐길 수 있지 그렇지 못한 사람은 그런 경치를 느끼지 못한다.

※참고 ────────

瀟	맑을	소
洒	깨끗할	쇄
唯	오직	유
枯	마를	고

◆瀟洒(소쇄) : 산뜻하고 깨끗함.
◆消長(소장) : 없어지고 자라남.

90.

해인지심 불가유 방인지심
'害人之心은 不可有요 防人之心은

불가무 차 계소어려야
不可無라' 하니, 此는 戒疎於慮也라.

영수인지기 무역인지사
'寧受人之欺언정 毋逆人之詐라' 하니,

차 경상어찰야 이어병존
此는 警傷於察也라. 二語竝存하면

정명이혼후의
精明而渾厚矣라.

─'사람을 해하고자 하는 마음을 두지 말라. 그러나 사람의 해를 막는 마음은 없지 못할 것이니', 이는 생각이 소홀함을 경계함이다. '차라리 사람의 속임은 받을지언정 사람의 속임수를 거스르지는 말라', 이는 살핌의 도가 지나침을 경계함이다. 이 두 가지 말을 아울러 가진다면 생각이 깊고 덕행이 두터워질 것이다.

※참고 ────────

戒	경계할	계
疎	소홀할	소

◆渾厚(혼후) : 원만하고 두터움.

91.

호면패체　토주황대
──狐眠敗砌하고 兎走荒臺하니──

진시당년가무지지　노랭황화
盡是當年歌舞之地요, 露冷黃花하고

연미쇠초　실속구시쟁전지장
煙迷衰草하니 悉屬舊時爭戰之場이라.

성쇠하상　강약안재　염차
盛衰何常이며 强弱安在오? 念此면

영인심회
令人心灰라.

—여우가 무너진 섬돌에서 잠을 자고, 토끼가 황폐한 누대 위를 달리는데, 이곳은 모두 그 옛날 노래하고 춤추던 곳이요, 이슬은 국화에 싸늘히 맺히고, 연기가 시든 풀에 어리는데, 이곳은 옛날의 전쟁터이다. 번성하고 쇠퇴함이 어찌 변하지 않으며 강자와 약자가 어디에 있는가? 이를 생각하면 마음이 재와 같이 식을 것이다.

※참고 ───────

砌	섬돌	체
荒	황폐할	황
舞	춤출	무
灰	재	회

◆敗砌(패체) : 무너진 섬돌.
◆荒臺(황대) : 황폐한 누대.

92.

횡역곤궁 시단련호걸적일부로추
──橫逆困窮은 是煅煉豪傑的一副鑪錘니──

능 수 기 단 련   즉 신 심 교 익
能受其煅煉하면 則身心交益하고

불 수 기 단 련   즉 신 심 교 손
不受其煅煉하면 則身心交損이라.

─사람을 괴롭히는 재앙과 역경은 호걸을 단련하는 하나의
화로와 망치인 것이다. 능히 그 단련을 받으면 몸과 마음이
함께 이로울 것이요, 그 단련을 받지 않으면 몸과 마음이 함
께 해를 볼 것이다.

※참고 ─────────────

逆	거스를	역
窮	다할	궁
煉	단련할	련
豪	호걸	호
傑	준걸	걸
錘	저울	추

◆煅煉(단련) : 쇠붙이를 달구어 두드리는 것.
◆鑪錘(노추) : 용광로와 망치.

93. 흉중　　기무반점물욕
─胸中에 旣無半點物慾이면─
이여설소로염빙소일　　안전
已如雪消爐焰氷消日하고, 眼前에
자유일단공명　　시견월재청천영재파
自有一段空明이면 時見月在靑天影在波니라.

─욕심이 없으면 모든 번민이 눈 녹듯이 사라지고, 마음이
밝으면 때때로 물 속에 비치는 푸른 달을 볼 수 있다.

※참고 ─────────

爐	화로	로
焰	불꽃	염
波	물결	파

韓非子(한비자)

1. 법 불 아 귀   승 불 요 곡

法不阿貴하고 繩不撓曲이니라.

—법은 귀한 자에게 아첨하지 않고, 먹줄은 굽은 것에 휘어
지지 않는다.

※참고

| 阿 | 언덕 | 아 |
| 曲 | 굽을 | 곡 |

◆繩(승) : 목수가 치는 먹줄.
◆撓(요) : 휘다. 굽히다.

2. 부 지 이 언   부 지   지 이 불 언   불 충

不知而言은 不智요 知而不言은 不忠이니라.

—알지 못하면서 말하는 것은 지혜롭지 못하고, 알고서도 말
하지 않는 것은 충실하지 못하다.

※참고 ──────────

智 지혜 　　지
忠 충성 　　충

◆ 不智(부지) : 지혜롭지 않다.
◆ 不忠(불충) : 충성스럽지 않다.

3.
장 인 성 관 　　즉 욕 인 지 요 사 야
── 匠人成棺은 則欲人之夭死也니라. ──────

─ 목수는 널을 만들어 놓고 사람이 일찍 죽기를 바란다. 즉,
어떠한 일이라도 각기 자기 이익을 위해서 하는 것이다.

※참고 ──────────

匠 장인 　　장
棺 널 　　관

그밖의 명언

1.
당정심신　표리일여　처유
當正心身하며 表裏一如하라. 處幽라도

여현　처독　여중　사차심
如顯하고, 處獨이라도 如衆하여 使此心으로

여청천백일　인득이견지
如靑天白日하고, 人得而見之하라. 〔李珥(이이)〕

— 마땅히 심신을 바르게 하며 겉과 속이 한결같이 하라. 남이 보지 않는 곳에 있더라도 겉으로 드러난 듯하고, 홀로 떨어져 있어도 여럿이 함께 있는 것같이 하여 이 마음으로 하여금 푸른 하늘에 밝은 태양같게 하고, 남이 그것을 볼 수 있게 하라.

※참고

表	겉	표
裏	안	리
顯	나타날	현
衆	무리	중

2.

불 입 호 혈　　　　부 득 호 자

─── 不入虎穴이면, 不得虎子라.〔後漢書(후한서)〕───

─호랑이 굴에 들어가지 않으면 호랑이 새끼를 얻지 못한다.
즉, 이론만 가지고는 안 되고, 행동을 실천으로 옮겨야 성공
한다.

※참고 ──────────

入	들	입
虎	범	호
穴	구멍	혈
得	얻을	득
子	아들	자

3.

사 자　　심 상 빈　　　　검 자

─── 奢者는 心常貧이나, 儉者는 ───

심 상 부

心常富니라.〔姜太公(강태공)〕

─사치한 사람은 마음이 가난하지만, 검소한 사람은 마음이
언제나 넉넉하다.

※참고 ─────

奢	사치	사
常	항상	상
貧	가난할	빈
儉	검소할	검
富	부유할	부

4.

상 검 자　　개 복 지 원　　　호 사 자
尚儉者는 開福之源이고, 好奢者는

기 빈 지 조
起貧之兆니라. 〔魏書(위서)〕

—검소함을 숭상하는 것은 복을 여는 근본이고, 사치함을 좋
아하는 것은 가난을 일으키는 조짐이다.

※참고 ─────

尚	숭상	상
源	근본	원
起	일어날	기
兆	조짐	조

5.

수 지 청 즉 무 어
水至淸則無魚하고,

인 지 찰 즉 무 도
人至察則無徒니라.〔孔家家語(공가가어)〕

—물이 지극히 맑으면 고기가 없고, 사람이 지극히 살피면
따르는 무리가 없다.

※참고

至	지극할	지
魚	고기	어
察	살필	찰
徒	무리	도

6.

신 병 가 의   심 병 난 의   신 과 이 거
身病可醫나 心病難醫요, 身過易去나

심 과 난 거
心過難去니라.〔申欽(신흠)〕

—몸의 병은 치료할 수 있으나, 마음의 병은 치료하기 어렵
고, 육신의 허물은 제거하기 쉬우나 마음의 허물은 제거하기
어렵다.

※참고 ─────────

醫	치료	의
過	허물	과
去	버릴	거

7.
예 지 용　　 화 위 귀　　　신 근 어 의
禮之用이 和爲貴니라. 信近於義면

언 가 복 야
言可復也니라. 〔孔子(공자)〕

─예를 시행함에 있어서는 조화와 절도를 맞추는 일이 가장 귀중하다. 언약한 것이 의리에 맞으면 말대로 실천해도 된다. 즉, 신의를 지킨다고 함은 대의명분에 어긋나지 않는 약속을 하고 아울러 지키고 실천함이다.

※참고 ─────────

禮	예도	례
用	쓸	용
爲	할	위
復	돌아갈	복

8.
옥 불 탁　불 성 기　　인 불 학
玉不琢이면 不成器요, 人不學이면

부 지 도
不知道라.〔禮記(예기)〕

─옥은 다듬어지지 아니하면 그릇을 이루지 못하고, 사람은
배우지 않으면 도를 알지 못한다.

※참고 ──────

琢	쫄	탁
器	그릇	기
知	알	지

9.
일 가 화 목　　즉 생 복 필 성
一家和睦하면 則生福必盛하니라.〔周世鵬(주세붕)〕

─한 집안이 화목하면, 복이 생겨 반드시 번성한다.

※참고 ──────

| 和 | 화할 | 화 |
| 睦 | 화목할 | 목 |

必 반드시　　필

10. 적 선 지 가　　필 유 여 경　　　적 불 선 지 가

積善之家에 必有餘慶이요, 積不善之家에

필 유 여 앙

必有餘殃이라.〔易經(역경)〕

—선행을 쌓은 집에는 반드시 많은 경사가 있고, 악행을 쌓은 집에는 반드시 많은 재앙이 있다.

※참고

積 쌓을	적
餘 남을	여
慶 경사	경
殃 재앙	앙

11. 책 인 자　　불 전 교　　　자 서 자

責人者는 不全交하고, 自恕者는

불 개 과

不改過니라.〔宋時烈(송시열)〕

— 남을 책망하는 사람은 교제를 온전하게 하지 못하고, 스스로를 용서하는 사람은 잘못을 고치지 못한다.

※참고 ─────────

責	꾸짖을	책
全	오전	전
恕	용서	서
改	고칠	개
過	지날	과

12.
현현역색　　사부모　　능갈기력
賢賢易色하며 事父母에 能竭其力하며
사군　　능치기신　　여붕우교
事君에 能致其身하며 與朋友交에는
언이유신
言而有信하라.〔子夏(자하)〕

— 아내에 대해서는 어진 덕을 높이고 용모를 중하게 여기지 않으며, 부모를 섬김에 힘을 다할 줄 알며, 임금을 섬김에 제 몸을 바칠 줄 알며, 벗과 사귐에 있어 성실하게 말하고 신의를 지켜야 한다. 즉, 아내의 용모보다 현명한 품덕을 중시해야 한다.

※참고 ─────────────

事	섬길	사
竭	다할	갈
致	이를	치

13.
_{군 자} _{식 무 구 포} _{거 무 구 안}
君子는 食無求飽하고 居無求安하며
_{민 어 사 이 신 어 언} _{취 유 도 이 정 언}
敏於事而愼於言이요. 就有道而正焉이면
_{가 위 호 학 야 이}
可謂好學也已니라.

─군자는 배불리 먹기를 원하지 않고, 편하게 살기를 구하지 않고, 일에는 민첩하되 말은 신중히 하며, 도를 지닌 사람을 따라 바르게 고치면, 가히 배우기를 좋아한다고 말할 수 있다. 즉, 바른 도리를 터득하고 그것을 실천함이다. 이상의 네 가지를 실행하면 참으로 호학(好學)이라고 할 수 있다.

※참고 ─────────────

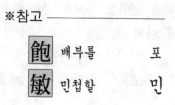

| 飽 | 배부를 | 포 |
| 敏 | 민첩할 | 민 |

14.
생 아 자 부 모   지 아 자 포 숙 야
生我者父母요 知我者鮑叔也니라.

— 나를 낳은 이는 부모이지만 나를 아는 사람은 포숙이다.

※참고

鮑 절인 고기   포

◆鮑叔(포숙) : 춘추시대 제나라 사람.

15.
탄 주 지 어   불 유 지 류
吞舟之魚는 不遊枝流니라.

— 배를 삼킬 만한 큰 물고기는 지류에서 놀지 않는다. 즉, 사람도 큰 인물은 보다 넓은 세상에서 자기의 뜻을 펼치며 산다는 비유이다.

※참고

吞 집어삼킬   탄
枝 가지   지

健康第一

麒相李旦元年丙子

부 록

동의보감(東醫寶鑑) 민간 치료법

허준(許浚) 저

—— 조선 중엽(1546~1615) 의학자. 선조 때 왕실의 진료에 공을 세웠다.

腦·神經(뇌·신경) 대사 장해의 질환

1. 糖尿病(당뇨병)

1) 증상

① 췌장의 호르몬인 '인슐린'의 작용이 체내에서 부족하기 때문에 일어나게 되는 병적 상태를 말한다.

② 소변량이 많아지면서 입 안이 마르고 수분을 찾게 된다.

③ 몹시 단것이 먹고 싶어지는데, 이것은 혈액 속에 있는 당분이 소변에 섞여 배출돼 버리기 때문이다. 단것을 주로 먹으므로 식욕은 증가하나 체중은 오히려 줄어든다.

④ 부스럼이 생기거나 신경통으로 고통을 받는 사람도 있다.

⑤ 성욕도 감퇴하고 백내장(白內障)이 진행되기도 한다.

2) 치료법

① 양배추의 푸른 잎 부분을 물에 깨끗이 씻어낸 다음 칼로 잘게 찢어 헝겊에 싸서 즙을 내어 1일 3회 매회 1컵씩 마시면 유효하다.

② 갈근탕을 진하게 마시면 낫는다.

③ 오미자 가루를 끓는 물에 타서 차 대신 마시면 유효하다.

④ 우렁이 2홉을 2되의 물로 삶아서 마신다.

⑤ 호박을 상식한다. 설탕을 쓰지 말고 찌든지 삶든지 장을 끓여서 매일 먹으면 3~4주 정도 지나면 낫는 수가 있다.

⑥ 솔잎을 찧어 즙을 내어 마신다.

⑦ 팥·다시마·호박을 함께 삶아 맵게 간을 하여 조금씩 먹으면 효과가 있다.

⑧ 누런 암탉을 삶아서 탕으로 마시면 유효하다.

⑨ 난초 잎 40g을 물 1ℓ에 넣고 달여 차 대용으로 마시면 유효하다.

⑩ 해당화 뿌리를 한 번에 1냥씩 달여 하루에 두 번 마시면 신효하다.

⑪ 연뿌리 300g을 짓찧어서 생즙을 내어 마시면 유효하다.

2. 노이로제

1) 증상

① 사업의 실패나 실연, 직장에서의 다툼, 가정 불화 등에 의한 정신적인 압박을 받게 될 때에 그 여파가 몸의 병으로 나타나게 되는 것으로 생각된다.

② 사소한 일에도 민감하게 반응하여 불안과 초조 등을 느끼는 한편, 두통·현기증·변비·건망증·불면·피곤 등의 신체적 고통을 끊임없이 호소한다.

2) 치료법

① 마를 갈아서 쑨 죽이나 찐 마를 먹으면 유효하다.

② 창출(蒼朮) 8~30g을 2홉의 물과 섞어 그 양이 반으로 줄 때까지 달인 다음 3회에 걸쳐 나누어 마시면 효과가 있다.

③ 매 식사 때마다 꿀을 반 숟가락씩 오랫동안 복용해도 효과가

있다.

④ 오갈피 38g 가량을 물과 섞어 달인 다음 1회에 마시면 효과가 있다.

⑤ 양파를 상식하면 유효하다.

3. 關節炎 (관절염)

1) 증상

① 만성 관절염은 만성 관절수종이라는 것이 있어 관절에 액체가 고여서 관절이 부어 오른다.

② 특수 관절염은 결핵성인 것이 대표적인데 무릎과 다리 관절을 해친다. 가벼운 절름발이가 되면서 아프고 발이 변형되며 관절이 터져서 고름이 나오게 된다.

2) 치료법

① 떫지 않은 감물을 매일 1잔씩 마시면 유효하다.

② 우엉씨 3냥, 콩자반 1홉을 함께 볶아 강활(한약) 1냥과 함께 갈아 가루를 내어 1회 2돈씩 백비탕으로 1일 3회 복용한다.

③ 생강을 찧어 아교에 개어 뜨겁게 붙인다.

④ 3년 묵은 무 시래기를 물에 담갔다가 쪄서 환부에 붙이거나 진흙을 곱게 쳐서 반죽을 붙이면 유효하다.

⑤ 파 1관에 소금 200g을 넣고 푹 삶아 그 물에 목욕을 하면 1주일을 전후해서 낫는다.

⑥ 선인장으로 생즙을 내어 종이에 발라 환부에 붙이면 통증이 멎는다.

⑦ 율무쌀이나 두릅나무 잎을 썰어 넣고 목욕물을 데워서 목욕
을 하면 유효하다.

4. 神經痛(신경통)

1) 증상
① 통증은 발작적으로 나타나며 매우 심하지만 일단 가라앉으면
씻은 듯이 낫는다.

2) 치료법
① 쑥 뿌리를 달여 마신다. 그리고 쑥찜·쑥뜸·쑥탕 등도 매우
유익하다.
② 머루를 병 속에 넣어 1개월 가량 지난 후에 그 즙을 환부에
바르면 유효하다.
③ 통증이 있는 곳에 생강을 약 30분 정도 문지르면 유효하다.
④ 도라지 뿌리와 탱자 각 5돈을 물 2홉과 함께 달인 후 반으로
줄면 1회에 다 마신다.

눈의 질환

1. 結膜炎(결막염)

1) 증상

① 눈의 흰자위가 빨갛게 충혈이 된다.

② 눈꼽이 자주 끼고 눈이 피로해지기 쉽다.

2) 치료법

① 질경이 잎이나 줄기를 그늘에 말려 백설탕을 조금 넣고 엷게 달여 그 즙으로 눈을 씻으면 유효하다.

② 목목(目木)의 가지와 잎을 말려서 달인 다음, 그 즙으로 눈을 씻고 몇 방울 넣어 주고 또 찜질을 하면 유효하다.

③ 차를 진하게 달여 식염을 약간 넣고 따뜻할 때 눈까풀 뒤를 씻어낸다.

2. 白內障(백내장)

1) 증상

① 수정체나 각막의 단백질이 혼탁해져서 시력이 방해를 받는다.

② 선천적인 것·노인성인 것·눈에 상처를 입었을 때, 다른 눈 병에 병합하여 일어나는 경우, 당뇨병에 의해서 일어나는 경우 등이다.

2) 치료법

① 벌집을 반으로 나누어 반은 생으로, 반은 볶아서 가루를 내어
   같은 양으로 혼합하여 1회에 2~4g씩 1일 2~3회 복용한다.

② 붉은 줄기의 머위 뿌리를 흑소하여 매일 복용한다.

③ 백남천조씨 5g 가량을 1일 양으로 하여 물로 달여 차 대신
   매일 마시면 효과가 있다.

泌尿器(비뇨기) 질환

1. 頻尿(빈뇨)

1) 증상

① 보통 사람의 배뇨 횟수는 1일 5~7회, 밤에는 0~1회이다. 그 이상 배뇨가 있을 때에는 일단 빈뇨라고 부른다. 원인은 신경 질적인 사람한테서 볼 수 있는 신경성인 것 외에도 다뇨증(多尿症), 염증이나 결석으로 인한 방광 자극 상태, 노화에 의한 방광 용적의 감소, 전립선 비대, 요도 협착에 의한 요배설 장해 따위의 병에 의하여 일어나는 수도 있다.

2) 치료법

① 인절미(팥고물 묻힌 것이면 더욱 좋다)를 취침 전에 설탕 없이 1~2개 먹고 자면 밤중에 소변 보는 일이 없다.

② 은행을 1일 6~7개씩 불에 구워 먹으면 효과가 있다.

③ 호두 4~5개를 매일 취침 전에 먹으면 유효하다.

2. 膀胱炎(방광염)

1) 증상

① 통증이 있고, 소변이 잦으면서도 탁한 것이 특징이다. 대개의 통증은 소변을 볼 때, 또는 소변이 끝날 무렵에 찌르는 듯한

아픔이다.

② 소변이 자주 마렵게 되는 것은 방광 점막이 세균에 의해 자극을 받게 되어 방광의 용적이 줄어들게 되기 때문이다.

③ 병세가 악화되면 방광 점막으로부터 출혈을 하게 되어 소변이 팥죽처럼 된다.

2) 치료법

① 곶감 5~6개와 검은깨 4g을 350cc의 물에 넣고 반으로 줄 때까지 달여 3회에 나누어 하루에 마신다. 곶감이 없으면 보통 감도 무방하다.

② 방광의 모든 질병에는 매일 참깨를 조금씩 먹으면 좋다.

③ 해바라기 씨를 볶아서 물로 달여 차 대용으로 늘 마시면 효과가 있다.

④ 구기 뿌리의 껍질을 짓찧어서 즙을 내어 1공기씩 조석으로 마신다.

消化器(소화기) 질환

1. 胃弱(위약)·胃無力症(위무력증)

1) 증상

① 식욕이 나지 않고 위가 움직이지 않는 듯한 느낌이 든다.

② 위가 팽창해 무거운 감이 들며 아래로 당기는 듯한 느낌이다.

③ 트림이 자주 나온다.

④ 가끔 구역질이 날 때도 있어서 만성 위염(慢性胃炎)과 같은 증상이 나타난다.

⑤ 위 속에서 소화가 완전히 행해지고 있지 않기 때문에 설사나 변비를 되풀이하기도 한다.

2) 치료법

① 민들레 전초(全草)나 뿌리를 달여 하루 15~20g씩 복용한다.

② 더덕을 달여 하루 8g 가량 복용하면 효과가 있다.

③ 식후에 배 2~3쪽을 먹으면 소화를 돕는다.

④ 유자를 둘로 쪼개어 속을 긁어낸 다음 그 속에 들깨기름으로 버무린 된장을 넣는다. 이 두 쪽을 합하여 가는 철사로 동여매고 유자 껍질이 약간 탈 정도로 불에 굽는다. 이 들깨기름에 버무린 된장을 밥에 비벼 먹으면 아주 효과가 있다.

⑤ 호두 한 알과 대추 한 알을 물에 적신 종이로 싸서 구워 생강즙과 함께 매일 먹으면 효과가 있다.

⑥ 숭어를 자주 달여 먹는다.

2. 胃下垂(위하수)

1) 증상

① 배를 내려다보면 명치는 들어가고 아랫배 쪽은 불룩하게 나온다.

② 위에 압박을 받는 듯한 통증을 느끼게 된다.

③ 공복일 때보다도 식후에 통증이 오는 경우가 더 많다.

④ 변비를 수반하는 일도 많아 두통이나 현기증이 나기도 한다.

2) 치료법

① 석결말과 이질풀 각 20g씩을 물 700cc에 넣어 ⅔양으로 줄어들 때까지 달여서 하루 세 번으로 나누어 차 대신 마신다.

② 자주쓴풀의 전초 5~6개를 열탕에 넣고 휘저어 낸 다음 식혀 한 공기 가량 마신다.

3. 胃酸過多症(위산 과다증)

1) 증상

① 위산이 지나치게 분비되는 것을 말한다.

② 가슴이 타는 듯이 쓰리고 아프다.

③ 위산 과다 증상은 속이 비어 있을 때 아픔을 느낀다.

2) 치료법

① 다시마를 씹고 있으면 가슴 쓰린 것이 가라앉는다.

② 무즙에 소금이나 간장을 넣고 끓인 녹차를 부은 다음 2~3공기 마신다.

③ 사과·귤·레몬·오렌지 따위의 즙을 식후에 마시면 좋다. 과
   즙에 함유된 신맛이 위산 분비를 억제해 주기 때문이다.
④ 검은 깨소금으로 밥을 비벼 먹으면 효과가 있다.
⑤ 호두 3~4개를 매일 생강즙으로 먹으면 유효하다.

4. 胃·十二指腸潰瘍(위·십이지장 궤양)

1) 증상
① 격렬한 위통·심한 헛구역질, 그리고 피를 토하거나 변에 피
   가 섞여 나오는 것이 대표적인 증상이다.
② 콕콕 찌르는 듯이 아픈가 하면 묵직하게 둔탁한 아픔을 느끼
   는 수도 있다.
③ 복부 전체가 아픈가 하면 등줄기까지도 심한 통증을 느끼게
   되는 수도 있는데, 이것은 궤양이 진행되어 구멍이 깊고 크게
   뚫린 경우일 것으로 생각이 된다.
④ 토혈이나 하혈의 경우에도 상당한 악화가 있을 것으로 예상
   된다.

2) 치료법
① 사과 ¼쪽을 껍질째 갈아서 그 즙을 하루 3~4회 마신다. 토
   혈로 인해서 다른 것은 받아들이지 않는 경우에도 사과즙만은
   쉽게 흡수한다.
② 날감자를 껍질째 갈아서 즙을 낸 다음, 매 식전마다 100cc 가
   량 마시면 효과가 있다.
③ 민들레 잎을 생으로 잘 씹어 먹든가, 또는 샐러드를 만들 때

넣어 늘 먹으면 좋다.

④ 인삼 1돈쭝에 볶은 생강 5푼을 2홉의 물로 달여서 복용한다.

⑤ 두릅나무 뿌리의 껍질을 벗겨서 썰어 2~3일 그늘에 말린 다음, 12g 정도를 약간의 감초와 함께 720cc의 물이 반으로 줄 때까지 달여서 하루 3~4회에 나누어 복용한다.

⑥ 토란을 찧어 술을 담근 다음 보름 후에 조금씩 마시면 효과가 있다.

5. 胃擴張(위확장)

1) 증상

① 소화 불량을 일으킨다.

② 배를 두드리면 쿨렁쿨렁하는 물소리가 들리기도 한다.

③ 식욕이 떨어지고 구역질이 나는가 하면 토하는 수도 있다.

④ 중증일 경우에는 피부가 건조해지고 전신 쇠약을 일으키게 된다.

2) 치료법

① 민들레 뿌리를 말려서 썬 것 20g 가량을 350cc의 물에 넣어 반으로 줄 때까지 달인 다음, 세 번에 나누어 하루에 마신다.

② 소금에 절인 연어의 머리를 흑소(黑燒)하여 가루를 만들어 그 분량의 절반 가량 되는 귤 껍질 가루와 함께 잘 섞은 다음 하루 3~4g을 세 번에 나누어 복용하면 효과가 있다.

③ 생강을 볶아서 물에 달여 설탕을 넣고 생강차처럼 마신다. 만성 위장병에 더욱 좋으며 1~2주간만 마시면 효과가 나타난다.

6. 急性胃炎(급성 위염)

1) 증상

① 통증이 있고 구토를 하기도 한다.

② 때에 따라서는 오한이 일어나는 경우도 많다.

③ 설사만을 일으키는 경우가 많다.

2) 치료법

① 무를 강판에 갈아서 그 즙을 조석으로 60cc 가량씩 회복될 때까지 복용한다.

② 민들레 뿌리를 꽃이 피기 전에 캐서 말려두었다가 잘게 썰어 300cc의 물에 10g 가량을 넣고 절반으로 양이 줄 때까지 달인 다음 수회(數回)로 나누어 하루에 다 마신다.

③ 모과 1냥을 달여 마신 다음 그 즙을 푸른 헝겊에 적셔 발바닥에 감는다.

④ 오매(烏梅) 2돈을 1홉의 물로 달여 마시면 유효하다.

⑤ 그늘에 말린 이질풀 한 줌을 350cc의 물에 넣고 반으로 줄 때까지 달여서 차 대신 수시로 마신다.

7. 慢性胃炎(만성 위염)

1) 증상

① 식사 때 명치가 아프거나 구역질이 날 때도 있다.

② 식욕 부진·식후의 위통·설사 따위의 증상이 나타나면서 몸도 마른다.

③ 공복일 때 위에 가벼운 통증이나 변비가 나기도 한다.

2) 치료법

① 파를 3cm 정도로 썰어서 식사 때마다 생으로 된장에 찍어 먹는다.

② 무생채를 식사 때마다 많이 먹는다.

③ 그늘에 말린 질경이 10~20g을 3홉의 물에 달여 1홉으로 만들어 1일 3회, 식후에 복용하면 낫는다.

8. 胃痙攣(위경련)

1) 증상

① 배의 위쪽 부분이 발작적으로 몹시 아프면서 경련을 하는 것과 같은 상태로 된다.

2) 치료법

① 계란 껍질을 불에 구운 다음, 가루를 만들어 복용하면 즉시 효과가 나타난다.

② 마늘 생즙을 2잔 가량 마시면 효험이 있다.

③ 초를 끓인 물에 푸른 헝겊을 적셔 사지를 골고루 찜질을 하면 유효하다.

④ 모과나무 잎과 가지를 달여 마시면 효과가 있다.

⑤ 복숭아 잎이나 껍질을 달인 즙 1되 가량을 수시로 나누어 마시면 유효하다.

⑥ 토란 날것 2개를 씹어 먹으면 즉효하다.

9. 胃痛(위통)

1) 증상

① 위의 통증은 여러 가지 병에 의해서 일어나게 되므로, 이것을 고치기 위해서는 그 원인이 되는 본병을 가려내어 그에 적합한 치료를 해야만 한다.

2) 치료법

① 굴・조개 껍질을 태워 가루를 만들어 복용한다.

② 녹두알 21개, 후추알 14개를 함께 갈아 백비탕(百沸湯)에 타서 마시면 즉효하다.

③ 생강을 돼지 순대 속에 넣어서 삶아 먹으면 효과가 있다.

④ 쑥잎을 넣고 달인 탕으로 목욕을 하면 유효하다.

⑤ 돼지 쓸개 1개에 향부자(香附子) 3돈쭝을 넣고 태워 가루를 만들어 두 번에 나누어 물과 함께 마신다.

⑥ 아주까리 기름과 우유를 등분해서 끓인 다음 흑설탕을 약간 넣어 차갑게 해서 마시면 효과가 있다.

10. 胃癌(위암)

1) 증상

① 위암 특유의 증상을 현재로서는 분명하게 잡아낼 수가 없다. 6개월에 한 번씩 정기 검진을 받아 보는 것이 최상이다.

2) 치료법

① 율무를 소량의 감초와 함께 달여서 마시면 효과가 있다.

② 등나무 줄기에 생긴 혹과 두릅나무 뿌리 적당량을 함께 달여 복용한다.

③ 그늘에 말린 번향초(蕃香草) 한 줌을 2홉의 물로 달여 마시면 위장이 튼튼해지며, 또 위암을 예방해 준다.

④ 가지 꼭지나 산두근(山豆根) 뿌리를 달여 계속 복용하면 유효하다.

11. 膽石症(담석증)

1) 증상

① 지방질 음식물, 특히 동물성 지방을 먹었을 때는 담즙(膽汁)의 분비량이 늘어나게 되므로, 이때 밀려서 흘러나오는 돌이 담관(膽管)에 걸려 오른쪽 윗가슴으로부터 등 가운데에 이르기까지 격렬한 통증을 일으키게 된다. 담관이 막히면서 담즙은 혈액에 되밀려 나게 되고 이에 따라 황달(黃疸)을 일으킨다. 연쇄 반응으로 구토증과 변비증도 빈번하게 생기기 마련이다.

2) 치료법

① 개자(芥子)를 갈아서 통증이 있는 곳에 찜질을 하면 통증을 멈출 수가 있다.

② 무생채와 참외를 매일 먹으면 좋다.

③ 건매실 큰 것 1개에 생강즙을 넣고 녹차 달인 물을 500cc 가량 마시면 통증이 가라앉는다.

④ 무화과 열매를 먹으면 효과가 있다.

⑤ 호두 1되를 현미로 쑨 죽 1되에 혼합하여 3~4회로 나누어

하루에 먹으면 즉시 낫는다.

⑥ 잉어의 이빨 1홉을 가루로 하여 셋으로 나누어 1일 3회 술에 타서 마신다.

12. 膽囊炎(담낭염)

1) 증상

① 갑자기 열이 높아지면서 심한 통증을 일으키는 수가 있다.

② 오랜 기간 동안 열과 통증이 간간이 일어나는 경우도 있다.

2) 치료법

① 동물성 지방은 일체 금하고 채식을 하면서 담석증과 같은 치료를 한다.

13. 肝炎(간염)

1) 증상

① 우선 열이 나는 수가 많다. 감기 기운이 있으며, 몸이 나른하고 식욕이 떨어지고 구토증이나 복통이 일어난다.

② 이런 증상이 2~3일 가량 계속된 다음에 갑자기 피부와 눈이 노래지며 오줌 빛깔도 진해진다. 이때 간장도 약간 부어 올라서 늑골 밑을 누르면 아프다.

2) 치료법

① 말린 약쑥의 잎과 줄기를 삶아서 10~20g씩 복용한다. 몸이

가려울 때는 사철쑥 삶은 물에 적신 수건으로 닦아내면 시원하게 멈춘다.

② 감초를 진하게 달여 마시면 해독 작용을 하므로 효과가 있다.

③ 칡뿌리 달인 물을 차 대신 자주 마시면 효과가 있다.

④ 가막조개 껍질을 가루를 내어 하루 3회에 1돈씩 복용한다.

⑤ 더위지기풀을 달여서 하루 15g 가량씩 복용하면 특효하다.

14. 膵臟炎(췌장염)

1) 증상

① 급성은 아무런 예증도 없이 갑자기 심한 통증이 일어나면서 점점 심해진다. 얼굴은 창백해지고 식은땀을 흘리며 구토도 일어난다.

② 맥박은 빨라지면서도 약하고 전신은 중병임을 여실히 드러낸다.

③ 통증의 초기 증상은 위경련·위궤양·담석증·맹장염 따위와 같아서 구별하기가 극히 어렵다.

④ 상복부의 중앙으로부터 왼쪽 등을 통해서 왼쪽 어깨 쪽으로 이르게 되는 통증이 거의 대부분이다.

2) 치료법

① 시작육군자탕(柴芍六君子湯) …… 위장이 약해서 긴장력이 없고 진수음(振水音)이 있는 체질이 허약한 사람에게 쓴다.

② 시호계지탕(柴胡桂枝湯) …… 급성에는 무리이나 준급성과 만성에는 유효하다.

15. 腸無力症(장무력증)

1) 증상

① 설사를 잘 하고 가벼운 복통을 잘 일으킨다.

② 복벽은 딱딱하게 판자를 펴놓은 것같이 되는 수도 있다.

2) 치료법

① 도라지 뿌리와 말린 탱자 각 3돈쭝을 물 3홉으로 반이 되게 달여 마시면 낫는다.

② 헛배가 부를 때 잘 볶은 보리쌀 1돈쭝을 백비탕으로 먹는다.

③ 참기름과 꿀을 먹으면 효과가 있다.

16. 痔疾(치질)

1) 증상

① 자각 증상으로서는 가벼운 통증이나 이물감(異物感) 같은 것 뿐이지만, 통증이 특히 심해지는 경우가 있다. 또 출혈을 잘 하기도 한다.

2) 치료법

① 머리털을 깨끗이 씻어 태운 다음 가루를 만들어 참기름에 개어 환부에 바르면 유효하다.

② 무화과 열매를 하루 3~4개 먹으면 효과가 있다. 잎이나 열매에서 나오는 하얀 즙을 탈지면에 묻혀 환부에 바른다.

③ 이질풀 한 줌을 3홉의 물로 달여 이 물로 항문을 찜질하면 유효하다.

④ 무화과나무 액즙을 항문에 문질러 바르면 여러 번 바르는 사
  이에 참을 수 없을 정도로 가려운데 이것이 낫는 징조이다.

⑤ 말린 쑥잎 20g과 말린 생강잎 10g을 함께 물로 달여서 세 번
  에 나누어 하루에 마신다.

⑥ 곶감을 태워 가루로 하여 1회 2돈씩 물과 함께 복용하면 치
  질로 하혈할 때 효과가 있다.

⑦ 마른 버섯 1냥쭝을 삶아 매일 새벽 공복시에 마신다. 경증은
  1근, 중증은 2근이면 낫는다.

⑧ 미꾸라지를 깨끗이 씻어 병에 넣고 흑설탕을 약간 넣어둔다.
  반낮이 지나면 미꾸라지의 기름이 스며 나와 붉은 즙이 된다.
  이것을 환부에 바르면 낫는다.

⑨ 마늘을 화로 속의 재에 파묻어 두면 물렁물렁해진다. 이것을
  헝겊에 싸서 잠자리에 들기 전에 항문에 끼우고 잔다. 시간이
  허락하면 하루 2~3회 계속해서 갈아 끼운다. 2~3주 지나면
  완치되는 수도 있다.

17. 便秘(변비)

1) 증상

① 운동 부족·스트레스 등의 원인으로 일어난다.

② 태어날 때부터 장이 길어서 변비가 되기 쉬운 사람도 있다.

2) 치료법

① 결명자 20g을 700cc의 물로 색이 진하게 될 때까지 달여 하
  루 3회로 나누어 마시면 이튿날은 통변이 가능하다.

② 잠자리에 들기 전에 소금물 1컵을 마시고 자면 효과가 있다.

③ 성냥갑 크기의 다시마를 냉수에 담가두었다가 물과 함께 먹는다.

④ 아침마다 일어나는 즉시 레몬 1개나 또는 매실 1개를 먹는다.

⑤ 꿀을 1회에 찻숟가락 하나씩 공복에 먹는다.

⑥ 현미를 미숫가루를 만들어 찻숟가락 둘 가량에 소금을 약간 가미해서 온수에 타서 마신다.

⑦ 매일 아침 식전에 냉수를 한 사발씩 마시든가 무화과 열매를 달여 마시면 통변이 잘 된다.

⑧ 사과 1개씩 매일 밤 취침하기 전에 먹고 자면 매우 유효하다.

⑨ 껍질을 깐 은행알 49개를 찧어 백약전(한약) 가루를 약간 넣고 버무려서 공복에 미음으로 먹는다.

循環器(순환기) 질환

1. 高血壓症(고혈압증)

1) 증상

① 일반적인 자각 증상으로는 두통, 머리가 무겁다, 어깨가 뻐근하다, 현기증이 난다, 가슴이 두근거린다, 숨이 가빠진다.

2) 치료법

① 다시마를 성냥갑 크기로 잘라 하룻밤 1공기의 물에 담가두었다가 아침에 즙과 함께 먹는다. 다시마는 뿌리가 더욱 효과적이다.

② 옥수수차도 효과적이다.

③ 여름 밀감·사과·날감자·해삼 따위는 고혈압에 매우 유효한 식품이다. 어느 것이나 매일 날것으로 많이 먹으면 좋다.

④ 양파로 만든 음식도 매우 효과적이다. 양파를 상식(常食)하면 고혈압과 동맥 경화를 예방할 수가 있다.

⑤ 냉면이나 메밀묵 등 메밀로 만든 음식을 자주 먹으면 효과가 있다.

⑥ 뽕나무 잎을 말려서 달여 마시면 효과가 있다.

⑦ 생쑥으로 즙을 내서 1잔씩 식전 공복에 마시면 특효하다.

⑧ 마늘·쑥 3g을 1회 양으로 하여 3홉의 물이 반으로 줄 때까지 달여 1일 3회 복용한다.

⑨ 혈압이 높아지면서 신열이 날 때는 미나리로 생즙을 내어 마

시면 극히 효과가 있다.

⑩ 솔잎 50개 가량을 깨끗이 씻어 1cm 길이로 잘라서 찧은 다음, 2술잔(작은 잔) 가량의 물을 붓고 짜서 매일 공복에 3회씩 복용하면 매우 효과가 있다.

2. 腦卒中 = 中風 (뇌졸중 = 중풍)

1) 증상

① 발작과 동시에 의식을 잃게 되는 중증의 경우는 호흡이 점점 거칠어지면서 불규칙해지는 동시에 맥박도 흐트러지고 열은 40℃ 가까이 오르며, 마침내 죽음에 이르는 수도 있다.

② 생명에는 이상이 없더라도 1주일 정도는 의식 불명이든가 혼수 상태가 길게 계속되는 일도 있다.

③ 혼수 중에는 술에 취했을 때처럼 코를 크게 고는 것이 특징이며, 대개는 얼굴색이 붉어진다.

④ 발작 후의 안색은 창백해지는 것이 보통이며, 신체의 마비는 뇌출혈이나 뇌연화가 일어났던 장소에 따라 달라진다.

2) 치료법

① 마른 아주까리 전초를 태우면서 그 연기를 발바닥에 쏘이면 모든 중풍에 유효하다.

② 부추나 염부추로 즙을 내어 콧구멍에 떨어뜨리면 의식을 회복하는 수가 있다.

③ 뽕나무에 돋은 버섯을 달여 마시면 잘 듣는 사람도 있다(반신불수에 효과).

④ 말린 우엉 뿌리로 가루를 내어, 가루 1되에 쌀가루(현미) 4홉
을 섞어서 떡을 만들어 콩자반즙이나 두시(豆豉 : 약전국)의 즙
에 약간의 파와 함께 넣고 끓여 공복시에 마시면 매우 효과가
있다.

⑤ 굴나무 껍질을 잘게 1되 가량 썰어 술 2되에 넣어 하룻밤 재
워두었다가 매일 반 근씩 따뜻하게 해서 마신다.

⑥ 백출(삼주 뿌리를 껍질 벗겨서 말린 것) 15g을 술 2홉에 달여
그 즙을 반량으로 졸여서 복용한다(중풍으로 실신했을 때 특히
효과).

⑦ 무즙·생강즙·물엿을 함께 혼합해서 마신다.

⑧ 검은콩을 물로 푹 삶아서 즙을 낸 다음, 그 즙을 엿처럼 졸여
서 수시로 조금씩 입에 넣어 준다(특히 언어 장애에 효과).

⑨ 밥 반찬으로 쇠비름을 주재로 한 나물·국·된장찌개·튀김
과 양파를 주재로 한 것이 매우 효과적이다.

3. 貧血症(빈혈증)

1) 증상

① 혈액 속에 들어 있는 적혈구(赤血球)가 감소되어 있는 상태를
빈혈이라고 한다.

② 빈혈의 원인은 여러 가지로 생각할 수 있으나 그 대부분은
적혈구의 혈색소(血色素)가 부족하기 때문이다.

③ 안색이 창백하고 현기증이나 숨이 차다. 두통과 미열이 나기
쉬우며, 가슴이 두근거리는 수가 많다.

④ 손발이 붓고 뇌빈혈을 일으키기 쉽다.

2) 치료법

① 가막조개를 삶아서 즙과 함께 먹거나 국을 끓여 자주 먹으면 유효하다.

② 마늘 술에 레몬즙을 몇 방울 타서 1일 3회, 1잔씩 마신다.

③ 상추쌈을 많이 먹으면 효과가 있다.

④ 당근을 갈아서 그 즙을 계속 마시면 유효하다.

⑤ 선짓국도 좋다.

⑥ 동물의 간 중에서도 특히 쇠간을 무즙이나 무채에 곁들여 먹으면 유효하다.

⑦ 포도주를 매일 밤에 1~2잔씩 마시고 자면 좋다.

4. 動脈硬化(동맥 경화)

1) 증상

① 신체적 장애와 함께 기억력 저하·계산력 감퇴·감정의 불안정 따위의 정신적 장애가 나타난다. 그리고 증상이 진행되는 데 따라 언어 장애·반신 불수·보행 장애 등이 뒤따르게 된다.

② 관상 동맥(冠狀動脈)의 경화 증상은 심장에 장애를 일으켜서 심부전·협심증·심근 경색·심장 천식 따위를 일으키며 신장에 와서는 단백뇨가 나오게 되면서 신장의 기능이 저하되어 위축신(萎縮腎)을 일으키게 하는 수도 있다.

③ 위장의 동맥이 경화하는 경우에는 위장이 찌르는 것처럼 심

한 통증을 느끼게 되며, 하지의 동맥 경화는 보행이 어려워지게 된다.

2) 치료법

① 귤·토마토·사과·다시마·차조기·식초·양파 등을 될 수 있는 대로 많이 섭취하는 것이 좋다.

② 오매(烏梅)·레몬·사과와 같은 신 과일이나 꿀을 섭취하면 매우 효과가 있다.

③ 양파가루를 모든 음식에 넣어 먹으면 효과적이다.

④ 다시마를 물에 깨끗이 씻어 말린 다음, 볶아서 가루를 만들어 볶은 찹쌀가루와 같은 비율로 혼합하여 꿀로 콩알 크기의 환을 지어 1회에 20알 가량을 물과 함께 복용한다.

※ 동맥 경화에 효과적인 음식물이나 민간약은 고혈압에서 쓰는 것과 거의 같으므로 응용하면 된다.

5. 低血壓症 (저혈압증)

1) 증상

① 혈압을 재보면 최고가 100mmHg 이하이고, 최저는 너무 낮아서 잴 수가 없는 경우도 있다.

② 현기가 나고 피로해지기 쉬우며 두통이 난다.

③ 가슴이 두근거리고 귀울림이 있으며 불면·권태감·흉부 압박감 등이 있고, 또 만성적인 위장 장애도 적지 않다.

2) 치료법

① 생강을 많이 넣은 생강차를 자주 마시면 효과가 있다.

② 구기 잎이나 알로에 잎을 달여 차 대용으로 마시면 유효하다.

③ 매일 10분 가량 정좌나 좌선하는 자세로 복식 호흡을 하면 유효하다.

④ 매일 목욕을 하면 혈액 순환에 도움을 주게 되므로 매우 효과가 있다.

耳鼻咽喉(이비인후) 질환

1. 中耳炎(중이염)

1) 증상

① 귓속이 아프고 귀울림이나 귀가 막혀 버린 듯한 감이 들면서 발열한다.

② 만성이 되면 악취가 매우 심한 고름이 끊임없이 나오는 귀앓이가 되어 낫기 어려워진다.

③ 그대로 방치해 두면 귀머거리가 되는 수가 있으므로 반드시 치료를 해야 한다.

2) 치료법

① 참기름, 또는 아주까리 기름을 면봉(綿棒)에 묻혀 1일 2~3회씩 귓속에 바르면 유효하다.

② 무즙을 면봉에 적셔 귓속에 밀어넣은 다음 솜은 그대로 귓속에 놔두고 막대기만 살짝 빼낸다(1일 2~3회).

③ 행인을 찧어 탈지면에 싸서 1일 3회 귓속에 갈아넣는다.

④ 잉어 뇌수를 계핏가루에 개어 탈지면에 발라서 귓속에 갈아꽂는다.

⑤ 꿀을 탈지면에 발라서 1일 2~3회 귓속에 갈아 꽂는다.

⑥ 아주까리 기름을 한 방울 귓속에 밀어뜨리면 낫는다.

⑦ 호이초(虎耳草) 잎을 찧어 귀 안에 넣으면 통증이 가라앉으면서 고름이 나오지 않는다.

2. 蓄膿症(축농증)

1) 증상

① 진한 코가 많이 나오고 코가 막히거나 두통, 또는 정신을 집
중할 수 없게 된다(급성인 경우).

② 항상 머리가 무겁고 개운치가 않으며 코가 막히는 일이 많으
면서 때로는 심한 악취가 난다. 기억력 · 사고력 같은 것도 감
퇴한다.

2) 치료법

① 차(茶)에 소금을 약간 넣고 스포이트를 사용하여 비공을 씻어
내면 효과가 있다.

② 마늘을 찧어서 양쪽 발바닥 중심에 붙이면 효과가 있다.

③ 조기의 뇌골 20개를 태워서 가루로 만든 다음 매 식후에 술
에 타서 마시면 유효하다.

④ 수세미의 덩굴을 잘게 썰어서 볶은 다음 가루로 만들어 1회
1돈씩 술에 타서 마시면 효과가 있다.

皮膚(피부) 질환

1. 水蟲(수충 : 무좀)

1) 증상

① 좁쌀 같은 작은 물집이 모여서 생기며 시간이 경과하면 말라서 표면으로부터 피부가 떨어지게 된다. 이때 몹시 가려워 긁으면 피부가 헐게 된다.

2) 치료법

① 후추와 오미자를 같은 비율로 가루를 만들어 물에 개어 붙이면 특효약이다.

② 석류파괴나 근피(根皮)를 달인 즙을 바르거나 뿌리를 찧어 그 즙을 바른다.

2. 濕疹(습진)

1) 증상

① 피부가 벌겋게 되면서 좁쌀 같은 것이 점점 돋아나 작은 물집으로 변해 몹시 가려워진다. 마침내 물집이 터지면서 헐게 되어 진물이 나온다. 이 분비물이 마르면 노란 딱지가 되어 자연히 떨어진 다음, 껍질이 벗겨지고 차츰 본래의 건강한 피부를 되찾게 된다.

② 만성 습진은 딱지가 떨어져도 곧 발진·구진을 되풀이하면서 좀처럼 낫지 않는다.

2) 치료법

① 개오동나무(노나무) 잎을 달인 즙으로 환부를 습포하면 매우 효과가 있다.

② 삼나무 잎을 달여 환부를 자주 씻으면 낫는다.

③ 꿀을 물에 타서 2~3회 바르면 효과가 있다.

④ 생강을 썰어서 붙이면 효과가 있다.

⑤ 복숭아 잎을 찧어 즙을 내어 바르면 낫는다.

3. 液臭(액취 : 암내. 겨드랑이에서 나는 냄새)

1) 증상

① 악취가 나는 것은 '아포크린샘'으로 불리우는 겨드랑이에 있는 한선(汗腺)의 분비가 활발해짐으로써 일어난다.

② '아포크린샘'은 사춘기에 들어가면 활동을 시작하여 나이를 먹으면 활동을 정지한다. 그러므로 암내가 나기 시작하는 것도 사춘기 때부터이다.

2) 치료법

① 호두의 속 알맹이를 찧어 문질러 바른다.

② 쇠기름에 백분을 개어 바르면 효과가 있다.

③ 우렁이에 밀타승(한약)과 약간의 사향을 넣고 함께 찧어 떡처럼 뭉쳐서 겨드랑이에 붙이면 효과가 있다.

4. 脫毛症(탈모증)

1) 증상

① 머리털의 일부분이나 전부가 빠지는 것을 말한다. 나이를 먹는 탓도 있으나 탈모의 원인으로는 여러 가지가 있다.

2) 치료법

① 뽕나무 뿌리의 껍질을 벗기고 잘게 썰어 100cc의 물에 15g 가량 넣고 서서히 달여 50cc로 줄면 그 즙을 모근에 문지른다. 이 방법으로 탈모를 막을 수 있다.

② 구기자 생잎을 달인 즙으로 머리를 감으면 머리털이 빠지는 것을 멈추게 할 수 있다.

③ 복숭아 잎을 달여서 그 즙으로 머리를 감아도 효과가 있다.

呼吸器(호흡기) 질환

1. 感氣(감기) · 毒感(독감)

1) 증상

① 코가 근지러워지며 목이 아프거나 붓는다.

② 열이 나고 머리가 아프며 기침이 난다.

③ 몸이 나른해지거나 온 몸의 근육이 아프다.

2) 치료법

① 달걀 술을 만들어 마시면 유효하다. 작은 냄비에 달걀 노른자위 1개와 설탕 약간을 넣고 청주 1컵을 서서히 부은 다음 냄비를 끓는 물에 담고 주걱으로 잘 젓는다.

② 유자를 껍질째 즙 내어 설탕을 넣고 끓는 물을 부어 마신다.

③ 초 1잔(작은 잔) 가량에 설탕을 조금 넣고 끓는 물을 부어 한 번에 마신다.

④ 오매(烏梅) 2개를 태워 가루를 내어 같은 양의 생강즙을 붓고 약간의 간장을 넣은 다음 뜨거운 물을 부어 한 번에 마시고 잠을 자고 나면 땀이 쭉 흘러나오면서 감기가 낫게 된다.

⑤ 오징어를 잘게 찢어 잘게 썬 파와 함께 끓는 물에 넣어 그 탕을 마시면 효과가 있다.

⑥ 흰 파뿌리 7~8개에 검은콩 3순가락을 넣고 달여 마신다.

⑦ 생강을 씹어 먹고 땀을 내면 낫는다.

⑧ 파의 흰 줄기로만 15개와 생강 5쪽을 물 1공기, 술 1공기에

넣고 달여서 마신 다음 땀을 푹 내면 낫는다.

2. 氣管支炎 (기관지염)

1) 증상

① 감기나 독감의 원인으로 기관지 내부에 바이러스나 세균이 번식하여 생기는 병이다.

② 37℃ 이상의 열이 나며 목 안이 근질근질하면서 기침이나 가 래가 나오지만, 타진이나 청진 때는 호흡 소리가 약간 거칠게 들릴 뿐 이렇다 할 이상은 없다.

2) 치료법

① 닭의 생피를 마시면 유효하다.

② 매실 씨를 굽거나 생으로 씹어 먹으면 유효하다.

③ 구기자 잎을 달여 마시면 열이 내린다.

④ 감자를 넣고 된장국을 끓여 뜨거울 때 먹으면 기침이 멈춘다.

⑤ 무를 칼로 둥글게 썰어 수수엿이나 옥수수엿을 넣어 두면 물 엿이 되는데, 여기에 끓는 물을 부어서 마신다.

⑥ 연근(연뿌리)을 썰어서 달여 마시면 기침이 멎는다.

3. 氣管支喘息 (기관지 천식)

1) 증상

① 갑자기 발작적인 기침이 나고 숨을 내쉬기가 괴로우며 손톱

은 자색으로 변색되고 땀이 약간 나면서 손발이 차가워진다. 숨이 막혀 괴로운 발작성 호흡 곤란이 일어난다.

2) 치료법

① 은행알 32개를 찧어 쌀뜨물에 달여 마신다.

② 차조기 2돈쭝에 인삼 1돈쭝을 물 1공기로 진하게 달여 마시면 즉시 효과가 나타난다.

③ 늙은 호박 1개를 위만 약간 잘라낸 다음 숟갈로 속을 깨끗이 파내고 그 속에 보리엿이나 수수엿을 가득 채워 넣은 뒤 동지 때까지 차가운 곳에 두었다가 솥에 넣고 푹 쪄서 조금씩 수시로 떠먹으면 극히 효과가 있다.

④ 행인과 도인 각 반 냥을 피첨(皮尖)을 떼어버리고 볶아 가루를 만들어 물에 개어서 밀가루로 환을 지어 1회 1돈씩 생강탕으로, 꿀탕으로 복용한다.

⑤ 질경이와 쑥을 2대 1의 비율로 하여 약간의 감초를 넣고 달여 차 대신 자주 마시면 효과가 있다.

⑥ 뽕나무 껍질을 달여 그 즙 10g을 1일 2~3회에 나눠 마신다.

⑦ 옥수수 기름 한 숟가락을 매일 1~2회 복용하면 낫는다.

⑧ 달걀을 아이 소변에 3~4일 담가두었다가 삶아 먹으면 유효하다.

⑨ 말린 참외 꼭지 7개를 가루로 만든 다음 참외 꼭지를 달인 즙에 타서 복용하면 즉시 토하면서 낫는다.

⑩ 감국(甘菊) 뿌리를 그늘에 말려서 차 대용으로 달여 마시면 효과가 있다.

⑪ 감국 잎이나 줄기로 된장찌개나 국을 끓여 먹는다.

⑫ 호두·행인·생강 각 2냥쭝을 찧어 꿀로 환을 지어 1회 1돈

씩 취침 전에 먹는다.

⑬ 생굴을 식전마다 한 순가락씩 오랫동안 복용하면 유효하다.

⑭ 큰 배 1개를 두 쪽으로 갈라 그 속을 버리고 검은콩으로 채운 다음 다시 그 두 쪽을 합해 물에 적신 종이로 싸서 불 속에 파묻어 두었다가 푹 익혀서 찧어 먹는다.

4. 肺結核(폐결핵)

1) 증상

① 기침·가래·미열·잠잘 때의 식은땀·야위고 숨가쁨·피로 따위의 증상이 나타난다.

② 초기에는 자각 증상이 전혀 없는 수도 있으므로 정기 진단에 의한 조기 발견이 필요하다.

2) 치료법

① 율무쌀을 맷돌에 대충 갈아서 죽을 쑤어 자주 먹으면 효과가 있다.

② 머루와 백합을 같은 비율로 섞어서 가루를 내어 꿀로 환을 지어 복용하면 효과가 있다.

③ 은행알을 호마유(胡麻油)에 1개월간 담갔다가 하루에 3개씩 잘 씹어 먹는다.

④ 뱀장어의 피와 담즙을 함께 섞어 마시면 효과가 있다.

⑤ 구기자 뿌리의 껍질을 1일 양으로 10~15g 가량 달여 마시면 효과가 있다.

⑥ 꿀물에 마늘을 담가 놓고 때때로 먹으면 원기가 난다.

⑦ 생강즙을 반 숟가락씩 하루 4~5회 마시면 효과가 있다.

⑧ 연뿌리를 1회에 3cm 정도로 잘라서 생으로 4~5일간 1일 3
회씩 먹으면 각혈에 좋다.

⑨ 염소고기 2근과 대추 100개를 5되의 술에 7일간 담가두었다
가 1잔씩 마시면 유효하다.

5. 肺炎 (폐염)

1) 증상

① 기관지 끝에 있는 폐포가 바이러스나 곰팡이류, 기타 각종 세
균류의 침해를 받을 때 발생하는 병이다. 기침·가래·피가래
가 나오며 높은 열에 가슴이 아프고, 숨쉬기가 괴로워진다.

② 식욕이 없어지고 안색도 나빠지며 호흡수가 늘어난다. 심하지
않은 기침과 가래, 발열 정도의 가벼운 증상인 것도 있다.

2) 치료법

① 황벽나무의 내피(內皮)를 가루로 하여 하루에 6~9g을 복용하
면 효과가 있다.

② 마른 미역을 2개월 가량 끓여 먹으면 낫는다.

③ 율무쌀가루로 죽을 쑤어 꿀에 타서 마시면 효과가 있다.

④ 백겨자 5돈, 백출(삼뿌리) 1냥을 가루를 낸 다음 씨를 발라낸
대추와 함께 짓찧어 환을 만들어 백비탕으로 복용한다.

⑤ 무말랭이나 파초 뿌리를 달여 1일 3~4회 계속 복용한다.

저자와
협약에
의하여
인자를
생략함

동방 명언집

1996년 10월 10일 1판 1쇄 인쇄
1996년 10월 20일 1판 1쇄 발행
2012년 8월 10일 2판 1쇄 발행
2020년 6월 30일 2판 2쇄 발행

편저 / 이상기
펴낸이 / 김영길
펴낸곳 / 도서출판 선영사
주소 / 서울시 마포구 서교동 485-14 선영사
전화 / 02.338.8231~2
팩스 / 02.338.8233
등록 / 제02-01-51호 (1983년 6월 29일)

ISBN 978-89-7558-192-2   03700